Dr. Carlos Eduardo Paletta Guedes

Direito do Trabalho

2006, Editora Fundamento Educacional Ltda.

Editor e edição de texto: Editora Fundamento
Capa e editoração eletrônica: Commcepta Design
CTP e impressão: Sociedade Vicente Pallotti

Dados Internacionais de Catalogação na Publicação (CIP)
(Câmara Brasileira do Livro, SP, Brasil)

Guedes, Carlos Eduardo Paletta
　　Direito do trabalho : teoria e casos / Carlos Eduardo Paletta Guedes ;
– São Paulo - SP : Editora Fundamento Educacional, 2006.

　　Bibliografia.

　　1. Direito do trabalho I. Título.

05-9427   CDU-34:331

Índices para catálogo sistemático:
1. Direito do trabalho 34:331

Fundação Biblioteca Nacional

Depósito legal na Biblioteca Nacional, conforme Decreto n.º 1.825, de dezembro de 1907.
Todos os direitos reservados no Brasil por Editora Fundamento Educacional Ltda.

Impresso no Brasil

Telefone: (41) 3015 9700
E-mail: info@editorafundamento.com.br
Site: www.editorafundamento.com.br

Dedico este livro a meu pai, José Antonio, e a minha irmã, Suzana, meus eternos mestres.

Agradeço a todos que me apoiaram, especialmente Ricardo, Vanessa e minha mãe, Maria Beatriz.

"É freqüentemente dito que um livro deve ser escrito de maneira que permita sintetizar seu conteúdo numa só frase. Se o presente volume tivesse que se sujeitar a esse teste, a frase seria a seguinte: no presente, como em qualquer outro tempo, o centro de gravidade do desenvolvimento legal está não na legislação, nem na ciência jurídica, nem na decisão judicial, mas na própria sociedade."

Eugen Ehrlich, **Fundamental Principles of the Sociology of Law**

SUMÁRIO

Como utilizar este livro ... 7

1. INTRODUÇÃO AOS ESTUDOS DE DIREITO DO TRABALHO ... 8
Conceito ... 9
Breve histórico ... 9
Fontes do Direito do Trabalho ... 11
Princípios do Direito do Trabalho ... 11
Noções sobre a Justiça e o processo do trabalho ... 13
O empregador e o risco trabalhista ... 15

2. CONTRATO DE TRABALHO E RELAÇÃO DE EMPREGO ... 17
Relação de emprego ou relação de trabalho autônomo ... 21
Trabalho em atividade ilícita ... 26
Trabalho proibido ... 30
Estagiário ... 33

3. EMPREGADO ... 37
Empregado doméstico ... 38
Empregado em domicílio ... 43

4. EMPREGADOR ... 47
Grupo econômico e sucessão de empresas ... 48
Terceirização ... 52

5. CONTRATO DE TRABALHO POR TEMPO DETERMINADO ... 56
Contrato de experiência ... 58

6. ALTERAÇÕES DO CONTRATO DE TRABALHO ... 63
Cargo de confiança ... 64
Transferência ... 68

7. DURAÇÃO DO TRABALHO – JORNADA E DESCANSOS ... 74
Horas extras – elastecimento da jornada ... 77
Horas extras – intervalo intrajornada ... 79

Acordo de compensação de horas trabalhadas	80
Férias – descanso anual remunerado	83

8. REMUNERAÇÃO E SALÁRIO — 90

Diárias para viagem e ajudas de custo	92
Salário *in natura*	94
Descontos	97
Equiparação salarial	100

9. ESTABILIDADE E GARANTIAS PROVISÓRIAS DE EMPREGO — 104

Dirigente sindical	106
Gestante	108
Acidente do trabalho	110

10. EXTINÇÃO DO CONTRATO DE TRABALHO — 114

Aviso prévio	115
Extinção por ato do empregador	118
Extinção por ato do empregado	132
Extinção – outros casos	141
Anexo I – Noções de Direito Coletivo do Trabalho	143
Anexo II – O "custo Brasil" e o Direito do Trabalho	145
Anexo III – Questões	147
Anexo IV – Excertos normativos	152
Bibliografia	179

COMO UTILIZAR ESTE LIVRO

Este livro traz uma nova concepção do estudo do Direito. Não se trata de uma obra que versa somente sobre doutrina do Direito do Trabalho, mas também sobre casos analisados dentro do seu contexto teórico. Por isso, para um ótimo aproveitamento, é importante entender como ele foi estruturado.

De início, há um capítulo introdutório, trazendo os conceitos indispensáveis do Direito do Trabalho. Nele, não há estudo de casos. A partir do segundo capítulo, inicia-se o estudo dos temas de Direito do Trabalho, sempre à luz de casos e jurisprudências, seguindo o seguinte roteiro:

1. Cada capítulo começa com uma introdução teórica sobre o tema, na qual o leitor poderá encontrar os fundamentos doutrinários sobre o assunto.
2. Logo após, são colocados problemas envolvendo o tema em estudo.
3. Em seguida, estuda-se a regra geral para a solução dos problemas, sem adentrar seu mérito.
4. Chega-se, então, ao estudo de um caso concreto, real, retirado da jurisprudência de nossos tribunais, no qual o leitor encontrará a aplicação concreta de sua leitura anterior.
5. Passa-se a uma análise do caso concreto, em que há detalhes do processo em questão, culminando com uma sugestão de resposta dos problemas apresentados anteriormente.

Acreditamos que tal estrutura permitirá ao estudioso uma análise ampla dos temas de Direito do Trabalho tratados na obra. Boa leitura e bons estudos!

1

INTRODUÇÃO AOS ESTUDOS DE DIREITO DO TRABALHO

POR QUE ESTUDAR ESTE CAPÍTULO?

Para um estudo efetivo de qualquer ramo da ciência do Direito, é necessária uma introdução aos seus pontos fundamentais. Sem ela, o estudioso não terá uma idéia de conjunto, nem enxergará a coerência entre as leis e os princípios. No caso do Direito do Trabalho, iniciaremos nossos estudos com o seu conceito, acompanhado de um breve histórico da evolução do trabalho humano, uma análise das suas fontes e dos princípios fundamentais desta área do Direito. Por fim, há um estudo sobre o empregador e o risco trabalhista.

CONCEITO

Direito do Trabalho é o conjunto de normas que regulam a relação de trabalho subordinado. Muita discussão já se travou sobre a posição enciclopédica do Direito do Trabalho. Há aqueles que defendem o Direito do Trabalho como parte do Direito Público, em virtude da intervenção estatal nas relações entre empregado e empregador, especialmente através das normas de fiscalização trabalhista. Outra corrente defende que o Direito do Trabalho seria um ramo do Direito Privado, já que tanto empregado como empregador são particulares, existindo um pacto de natureza privada entre eles. Outras teorias surgiram (Direito Social, Direito Unitário ou Direito Misto) tentando posicionar o Direito do Trabalho num campo intermediário, nem público, nem privado. A melhor doutrina nos ensina que o Direito do Trabalho é parte do Direito Privado, já que, embora existam normas demonstrando uma intervenção estatal, prevalecem as regras de Direito Privado nos contratos de trabalho.

BREVE HISTÓRICO

Dividiremos nosso estudo histórico em duas grandes fases: a era agrícola e a era industrial. A partir daí, poderemos analisar o trabalho humano e sua evolução pela história.

Era Agrícola
O trabalho escravo

O trabalho escravo é a total desproteção e o total desrespeito ao trabalho humano. O Direito Romano resolveu a questão no campo das formalidades da seguinte forma: o escravo é um bem móvel. O escravo, portanto, era considerado uma coisa. No Brasil, a imagem do trabalho escravo é facilmente perceptível no momento em que se pensa na escravidão negra. Tal forma de prestação de trabalho é a mais aviltante de todas, devendo ser repudiada por todo o seu desrespeito à pessoa e à sua dignidade essencial.

O trabalho servil

Considerado um trabalho de semi-escravidão, no trabalho servil o homem não é mais uma "coisa de seu dono", mas um escravo da terra em que trabalha (o chamado "servo da gleba"). A estrutura do servilismo é bem simples. O dono da terra permite ao servo que labore o campo e, no fim da colheita, faz-se uma divisão do seu resultado.

Era Industrial

Trabalho corporativo

O processo de urbanização, em seus primeiros momentos, ainda na alta Idade Média, gerou uma estrutura de organização de trabalho digna de destaque: o trabalho corporativo. Seu grande mérito foi a sua organização, altamente hierarquizada, que dividia os trabalhadores em aprendizes, oficiais, contramestres e até reitores. O trabalho corporativo surgiu nas cidades, que já careciam de profissionais (pedreiros, carpinteiros, marceneiros, ferreiros, etc.) não incluídos na categoria dos servos.

Trabalho assalariado

O trabalho assalariado por conta alheia e em larga escala nasceu na industrialização. A era industrial, economicamente capitalista, deu luz ao trabalho assalariado. O núcleo desse tipo de trabalho reside no binômio "prestação de trabalho/recebimento do salário". Suas principais características são: o recebimento de um *quantum* pela prestação do trabalho, a liberdade de contratação e a subordinação do prestador ao tomador do trabalho. O trabalho assalariado, em seu início, era completamente desprotegido de leis. No entanto, a partir do século XX, ganhou proteção social notável e passou a ser repensado, em nossos dias, como um trabalho participativo.

Trabalho participativo

O trabalho assalariado, caracterizado por forte alienação do trabalhador, sempre mereceu críticas severas. Justamente desse confronto, surgiu uma nova concepção de trabalho chamado participativo. Neste, o trabalhador é um partícipe íntimo da atividade econômica, seja participando nos lucros ou resultados da empresa, seja participando de sua gestão. A Constituição de 1988 assegura a participação do trabalhador, dispondo que é direito dele a *participação nos lucros, ou resultados, desvinculada da remuneração, e, excepcionalmente, participação na gestão da empresa, conforme definido em lei* (art. 7.º, XI). A participação nos lucros está prevista na Lei n.º 10.101/2000. A co-gestão seria uma forma de participação na gestão da empresa (compartilhada entre empregados e empregador).

FONTES DO DIREITO DO TRABALHO

Trataremos, aqui, somente das fontes formais, que são a forma pela qual o Direito se exterioriza, e não das fontes materiais, que são os fatores sociais e históricos influenciadores e que se tornam o próprio conteúdo ou substância do Direito.

São fontes formais do Direito do Trabalho:
- a Constituição
- as leis
- as convenções e acordos coletivos de trabalho (CCT e ACT)
- regulamento da empresa
- contrato de trabalho
- usos e costumes
- jurisprudência (especialmente as súmulas do Tribunal Superior do Trabalho)
- normas internacionais, especialmente da Organização Internacional do Trabalho (OIT), através de suas convenções e recomendações.

PRINCÍPIOS DO DIREITO DO TRABALHO

Princípios são mandamentos ou proposições que fundamentam e inspiram as normas jurídicas. Não analisaremos os princípios gerais, que são comuns a todos os ramos do Direito, mas tão-somente os princípios do Direito do Trabalho. São eles:

Princípio da proteção

Tendo em vista o desequilíbrio entre empregado e empregador, faz-se necessário proteger aquele que é o mais fraco (hipossuficiente) na relação de emprego: o empregado. Por isso, as normas trabalhistas visam proteger o trabalhador, baseando-se nesse princípio fundamental em Direito do Trabalho. O princípio da proteção se desmembra em três: *in dubio pro operario*, norma mais favorável ao trabalhador e condição mais benéfica. O primeiro diz respeito à interpretação da norma: havendo dúvida quanto à interpretação de algum preceito legal, deve-se interpretar da maneira mais favorável ao trabalhador. O segundo influencia em vários aspectos, em especial na hierarquia das normas trabalhistas: deve-se aplicar a norma mais favorável ao trabalhador, ainda que seja uma norma de menor abrangência (por exemplo, se um regulamento de empresa prevê um direito mais favorável do que a Constituição, aplica-se a norma do regulamento). E o terceiro (condição mais benéfica) deve ser entendido da seguinte forma: havendo vantagens já concedidas ao trabalhador, não podem ser modificadas em seu detrimento.

Princípio da irrenunciabilidade de direitos

Os direitos trabalhistas são, em regra, irrenunciáveis pelo trabalhador. A CLT segue tal princípio ao dispor, em seu artigo 9.º, que *serão nulos de pleno direito os atos praticados com o objetivo de desvirtuar, impedir ou fraudar a aplicação dos preceitos trabalhistas*.

Princípio da continuidade

O Direito do Trabalho privilegia o contrato de trabalho de prazo indeterminado, ou seja, sem termo pré-ajustado, para que haja a continuidade da relação de emprego. Excepcionalmente, admite-se o contrato por prazo determinado, mas de forma restrita, respeitados certos prazos e hipóteses estipuladas em lei.

Princípio da primazia da realidade
No Direito do Trabalho, devem-se priorizar os fatos e não a forma. De nada adiantam documentos, recibos ou outros ajustes escritos se, na realidade, os fatos são outros.

NOÇÕES SOBRE A JUSTIÇA E O PROCESSO DO TRABALHO
A Constituição da República dispõe sobre a estrutura da Justiça do Trabalho no artigo 111, na seguinte forma:
- 1.ª Instância: as Varas do Trabalho (antigas Juntas de Conciliação e Julgamento)
- 2.ª Instância: os Tribunais Regionais do Trabalho (TRTs)
- Instância extraordinária: Tribunal Superior do Trabalho

As Varas do Trabalho julgam dissídios individuais. Sua jurisdição é local, abrangendo um ou alguns municípios. Onde não existir Vara do Trabalho, sua jurisdição pode ser atribuída a um juiz de direito.

Os TRTs julgam recursos das decisões dos juízes das Varas do Trabalho, ações originárias (dissídios coletivos de categorias de sua área de jurisdição), ações rescisórias de decisões suas ou das Varas e os mandados de segurança contra atos de seus juízes. De acordo com o artigo 674 da CLT, os TRTs são distribuídos da seguinte forma:
- 1.ª Região: Rio de Janeiro
- 2.ª Região: São Paulo
- 3.ª Região: Minas Gerais
- 4.ª Região: Rio Grande do Sul
- 5.ª Região: Bahia
- 6.ª Região: Pernambuco
- 7.ª Região: Ceará
- 8.ª Região: Pará
- 9.ª Região: Paraná

- 10.ª Região: Distrito Federal
- 11.ª Região: Amazonas
- 12.ª Região: Santa Catarina
- 13.ª Região: Paraíba
- 14.ª Região: Rondônia
- 15.ª Região: Campinas (SP)
- 16.ª Região: Maranhão
- 17.ª Região: Espírito Santo
- 18.ª Região: Goiás
- 19.ª Região: Alagoas
- 20.ª Região: Sergipe
- 21.ª Região: Rio Grande do Norte
- 22.ª Região: Piauí
- 23.ª Região: Mato Grosso
- 24.ª Região: Mato Grosso do Sul

O Tribunal Superior do Trabalho (TST) tem sede em Brasília. Sua jurisdição abrange todo o território nacional. Julga recursos de revista, recursos ordinários e agravos de instrumento contra decisões de TRTs e dissídios coletivos de categorias organizadas em âmbito nacional, além de mandados de segurança, embargos opostos a suas decisões e ações rescisórias.

Recentemente, a Justiça do Trabalho teve sua competência ampliada pela Emenda Constitucional n.º 45, de 2004 (que alterou o artigo 114 da Constituição da República). Antes dela, a Justiça do Trabalho só julgava as relações entre empregados e empregadores. Atualmente, ela pode julgar outras relações de trabalho (exemplo: representante comercial autônomo contra a empresa que representa). O novo artigo 114 da Constituição Federal manteve o poder normativo da Justiça do Trabalho e estabeleceu novas atribuições, tais como o julgamento de ações sobre representação sindical, atos decorrentes da greve, indenização por dano moral ou patrimonial resultantes da relação de trabalho e os processos relativos às penalidades administrativas impostas aos empregadores por fiscais do trabalho. A Justiça Trabalhista passou a julgar ainda mandados de segurança, *habeas corpus* e *habeas data*, quando o ato questionado envolver matéria sujeita à sua jurisdição.

O EMPREGADOR E O RISCO TRABALHISTA

Todo empresário se preocupa (ou pelo menos deveria se preocupar) com a administração do risco trabalhista. Muitos fazem um verdadeiro planejamento trabalhista, para evitar multas do Ministério do Trabalho e reclamações perante a Justiça do Trabalho. O motivo de tanta preocupação é o chamado "custo Brasil", decorrente da legislação trabalhista. Isso ocorre porque, por força da lei, muitos encargos são agregados ao contrato de trabalho, muitas vezes dificultando a admissão de novos trabalhadores por parte das empresas. Por isso, vemos altos índices de desemprego e trabalho informal em nosso país.

Esses encargos trabalhistas e previdenciários, que compõem o "custo Brasil", são aquelas parcelas devidas obrigatoriamente em todos os contratos de trabalho. O risco trabalhista decorre justamente do fato de que muitos empregadores ignoram essas parcelas ou desrespeitam as normas que as regulam. São elas:

- 13.º salário;
- férias mais 1/3;
- depósitos no Fundo de Garantia por Tempo de Serviço (FGTS);
- multa do FGTS, quando ocorre a dispensa sem justa causa do empregado;
- contribuições previdenciárias pagas pelo empregador (incluindo os valores repassados a terceiros).

Essa análise é feita sob o ponto de vista do empregador e seus riscos. Se um empregado faz horas extras habitualmente, o cálculo dos valores das verbas citadas acima deverá levar em consideração o pagamento dessas horas, que irão compor a base de cálculo de remuneração do empregado. Se o empregador deixa de pagar esses reflexos das horas extras, seu risco trabalhista aumenta. Logo, o empregador deve incluí-las, econômica e administrativamente, como fator de risco toda vez que agir de forma que desrespeite a lei trabalhista.

No anexo desta obra, o leitor encontrará um cálculo detalhado do "custo Brasil" decorrente das normas trabalhistas.

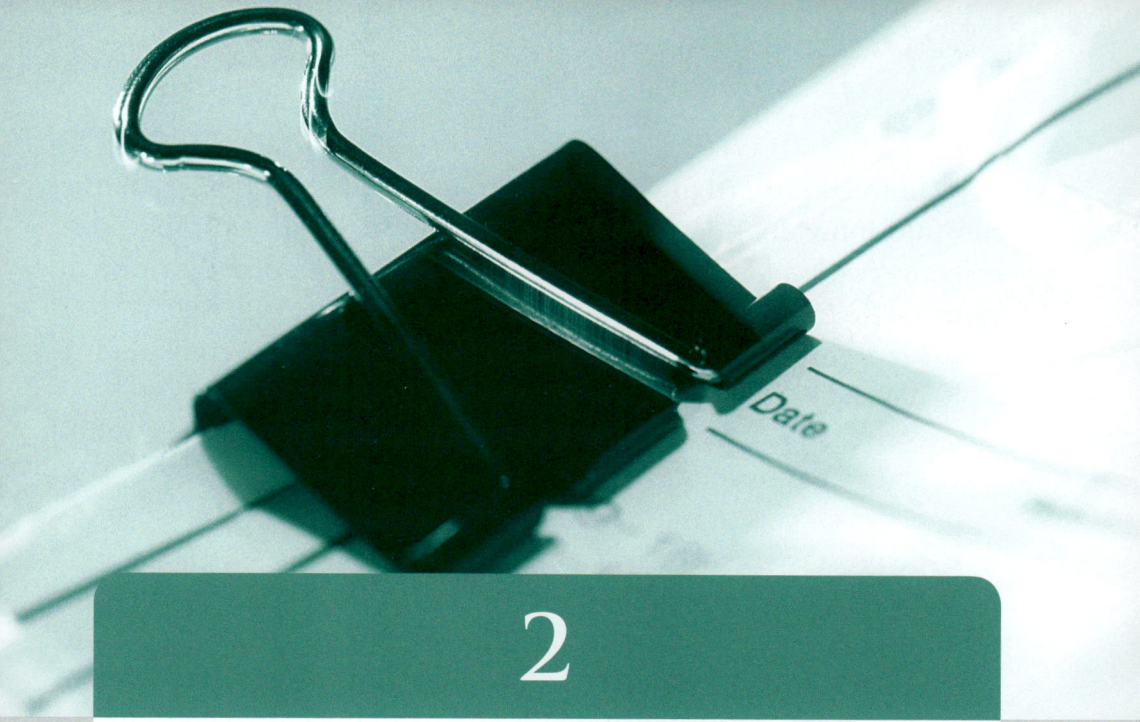

2

CONTRATO DE TRABALHO E RELAÇÃO DE EMPREGO

POR QUE ESTUDAR ESTE CAPÍTULO?

Na verdade, o contrato entre empregado e empregador é o campo do Direito Individual do Trabalho. Devemos estudar este capítulo com muita atenção, pois nele encontraremos os ensinamentos fundamentais para compreender todo o resto. Sem esse primeiro passo, os demais não poderão ser dados. Além disso, veremos que, muitas vezes, empregadores tentarão escapar da aplicação das normas trabalhistas por acharem o custo do empregado muito alto – algumas parcelas devidas nos contratos de trabalho são: 13.º salário; férias e bônus de férias; depósitos no Fundo de Garantia do Tempo de Serviço; contribuições previdenciárias e afins; multa pela dispensa sem justa causa. Tentam, então, criar formas de "fugir" desses encargos. Contudo, tendo em vista o princípio da primazia da realidade, essas tentativas acabam se frustrando, se há fraude.

De acordo com o artigo 442 da Consolidação das Leis do Trabalho, contrato individual de trabalho é o acordo tácito ou expresso, correspondente à relação de emprego. Quanto à sua natureza jurídica, o contrato de trabalho é:

- bilateral, ou seja, celebrado entre empregado e empregador, havendo direitos e obrigações para ambas as partes;
- consensual, pois resulta de um acordo de vontades entre empregado e empregador;
- oneroso, pois pressupõe pagamento de salário;
- de prestações sucessivas.

O contrato de trabalho não exige uma forma para ser realizado, como se pode perceber da própria leitura do artigo 442 da CLT, quando diz que o acordo pode ser tácito. Tácito é aquilo que não é expresso, o que acaba por confirmar o que se diz na doutrina: "o contrato de trabalho é um contrato-realidade". Em outras palavras, o contrato de trabalho não precisa ser escrito, nem partir de qualquer ajuste expresso. Pode ter prazo determinado ou indeterminado, e a determinação do prazo é uma exceção no Direito do Trabalho brasileiro. O contrato de trabalho deve obedecer à exigência da lei civil (Código Civil, art.104) no que diz respeito aos elementos essenciais. São eles: capacidade das partes, objeto lícito e forma prescrita ou não defesa em lei (nesse aspecto, como visto acima, o contrato de trabalho caracteriza-se pela sua informalidade).

Quanto à capacidade das partes, encontraremos a menoridade trabalhista na Constituição Federal de 1988, artigo 7.º, XXXIII: ... *proibição de trabalho noturno, perigoso ou insalubre a menores de dezoito e de qualquer trabalho a menores de dezesseis anos, salvo na condição de aprendiz, a partir de quatorze anos...* Portanto, o menor de 16 anos é absolutamente incapaz para fins trabalhistas e não poderá celebrar contrato de trabalho, nem mesmo se acompanhado por seus responsáveis, a não ser no caso de contrato de aprendizagem, acima de 14 anos, em que o menor deve ser representado, conforme as disposições da Lei do Menor Aprendiz.

CONTRATO DE TRABALHO E RELAÇÃO DE EMPREGO

O objeto do contrato de trabalho deve ser lícito, em que o empregado se obriga a oferecer seu trabalho e seu esforço, identificados com os interesses da empresa, enquanto o empregador se obriga a remunerar e a oferecer um ambiente de trabalho digno ao empregado. A finalidade dessa contratação deve ser sempre lícita.

A CLT equipara o contrato de trabalho à relação de emprego, postura criticada por doutrinadores, pois acaba por confundir as expressões. Na prática, ambas as expressões são usadas indistintamente, como se fossem a mesma coisa.

Para que o contrato de trabalho exista, formando a relação de emprego (ou, como é amplamente utilizado, o vínculo empregatício), são necessários alguns requisitos. A CLT estabelece como empregado a pessoa física que prestar serviços de natureza não eventual a empregador, sob dependência deste, mediante pagamento de salário.

A partir desse conceito estabelecido no artigo 3.º da CLT, poderemos analisar os requisitos, ou elementos, da relação de emprego. São eles:

1. O empregado deve ser pessoa física.
2. O trabalho deve ser prestado de forma não eventual. Quem presta serviços ocasionais, esporádicos ou eventuais não é empregado, não existindo vínculo empregatício.
3. O empregado deve estar subordinado ao empregador. De acordo com a CLT, o empregado presta serviços sob dependência do empregador. Subordinação é situação de quem se encontra sob ordens de outro (*sub ordine*) – é a subordinação jurídica.
4. O empregado presta seus serviços em troca de remuneração (salário). Portanto, o contrato de trabalho é oneroso.
5. O último requisito é encontrado no artigo 2.º da CLT, quando estabelece que há prestação pessoal dos serviços por parte do empregado. Portanto, o elemento é a pessoalidade, vale dizer, o contrato é personalíssimo em relação ao empregado, que deve ser certo e determinado. O empregado não pode fazer-se substituir

livremente, pois o vínculo é certo e determinado com aquela pessoa que se comprometeu a oferecer sua força de trabalho.

Caso estejam ausentes um ou mais elementos, não estará formada uma relação de emprego. Muitas vezes, haverá uma relação de trabalho. Relação de trabalho é um termo genérico; existindo uma relação jurídica em que o trabalho humano é o centro da obrigação, está-se diante de uma relação de trabalho. Já a relação de emprego é específica, cujas características são aquelas definidas nos cinco elementos vistos acima. Algumas relações comuns em nosso meio social não são relações de emprego, mas são consideradas relações de trabalho, como é o caso, por exemplo, do estagiário, do cooperado, do autônomo, do eventual, do avulso e do voluntário. Há ainda o servidor público estatutário, que não é regido pela CLT.

> **IMPORTANTE – A CARTEIRA DE TRABALHO**
>
> Muito comuns nas relações sociais são as dúvidas em relação à Carteira de Trabalho e Previdência Social (CTPS). Muitas vezes, o empregado (principalmente doméstico) não entrega a carteira para que o empregador faça as anotações. Meses (e até anos) depois, o empregador acaba se encontrando numa situação delicada: não anotou aquela contratação na CTPS porque o empregado não trouxe a carteira ou pediu que ela não fosse anotada. De nada adiantam essas justificativas: o empregador é obrigado a anotar a CTPS do empregado. A CLT é expressa no artigo 29:
>
> *Art. 29. A Carteira de Trabalho e Previdência Social será obrigatoriamente apresentada, contra recibo, pelo trabalhador ao empregador que o admitir, o qual terá o prazo de quarenta e oito horas para nela anotar, especificamente, a data de admissão, a remuneração e as condições especiais, se houver, sendo facultada a adoção de sistema manual, mecânico ou eletrônico, conforme instruções a serem expedidas pelo Ministério do Trabalho.*
>
> Por fim, é vedado ao empregador efetuar anotações desabonadoras à conduta do empregado.

RELAÇÃO DE EMPREGO OU RELAÇÃO DE TRABALHO AUTÔNOMO

1. José S. foi contratado como representante comercial autônomo pela empresa X Ltda. com a finalidade de realizar vendas na região serrana do Estado do Rio de Janeiro. Tinha exclusividade, era obrigado a comparecer semanalmente ao escritório da empresa, sediada no Rio de Janeiro, e enviava relatórios diários de suas visitas (sempre pessoais) a clientes e relatórios sobre as vendas realizadas. Era inscrito no Conselho Regional de Representantes Comerciais. Após o rompimento do seu contrato de representação comercial, ajuizou reclamação trabalhista alegando ser empregado e, portanto, requerendo a declaração do vínculo empregatício e tudo o que dele decorre. A empresa defendeu-se alegando que: a) José não era subordinado, já que ele tinha liberdade para estabelecer seu horário de trabalho; b) não havia pessoalidade na prestação dos serviços, já que ele poderia fazer-se substituir por qualquer um; c) José não recebia parcela fixa, somente comissões; d) que o reclamante (autor) não foi dispensado. Pergunta-se: deve ser declarado o vínculo empregatício entre José S. e X Ltda.?

2. Pedro G. celebrou contrato de representação comercial com o laboratório Y Ltda., em 5 de maio de 1999. Atuava no interior de São Paulo, tendo dois auxiliares (que o substituíam regularmente) e um escritório de sua propriedade. Pedro estabelecia seu horário e suas viagens de visitas a clientes, sem obrigação definida de comparecimento à sede da empresa. Era inscrito no Conselho de Representantes Comerciais e pagava o ISS na cidade de Bauru, onde tinha seu escritório. Após vários anos de contrato, em virtude da necessidade de corte de custos por parte do laboratório, o contrato com Pedro foi rompido. Pedro procura seu advogado, indagando sobre a possibilidade de ajuizar uma reclamação trabalhista, visando à declaração do vínculo empregatício. Pergunta-se: deve Pedro G. ajuizar reclamação trabalhista?

Teoria

Passaremos agora a analisar o tema proposto que levanta importante foco de discussões em nossos Tribunais do Trabalho: a existência ou não do vínculo empregatício. Como visto na introdução teórica, para restar configurado o vínculo empregatício, será necessário o preenchimento daqueles cinco requisitos, que merecem ser relembrados:

- empregado pessoa física
- prestação de serviços não eventuais
- subordinação jurídica
- salário
- pessoalidade

Para qualquer análise de questões envolvendo a dúvida sobre a existência da relação de emprego, caberá ao intérprete do caso buscar a ocorrência desses requisitos. No entanto, nem sempre os requisitos estarão claros, principalmente quando se está diante de situações cinzentas (duvidosas) ou, como prefere a doutrina, aquelas situadas na zona *gris*. Em outras palavras, são as situações que estão no limite entre uma figura e outra, extremamente comum em se tratando do representante comercial autônomo, que realiza as mesmas atividades do vendedor-empregado, sem que a lei faça uma distinção entre essas figuras. Por isso, para resolver a dúvida, teremos de considerar alguns outros fatores, além daqueles requisitos já analisados. Esses fatores foram desenvolvidos pela doutrina e vêm sendo utilizados pelos nossos juízes para a solução de processos difíceis, especialmente porque são casos em que reclamante e reclamado vão para o chamado "tudo ou nada". Ou se reconhece o vínculo e o reclamante ganha tudo aquilo garantido pela CLT aos empregados, ou, não se reconhecendo, o reclamante nada ganha, pois a CLT ao autônomo não se aplica. Daí a importância desta discussão.

Encontraremos o conceito de trabalhador autônomo na Lei n.º 8.212/91, artigo 12, V, *h: a pessoa física que exerce, por conta própria, atividade econômica de natureza urbana, com fins lucrativos ou não*. O empregado e o trabalhador autônomo têm muitas características em comum, especialmente o fato de prestarem seus serviços com continuidade ao tomador de serviços. Para detectar a diferença entre um e outro, um elemento será de fundamental importância: a subordinação. Enquanto o empregado está sob ordens do empregador, colocando-se no alcance do poder de mando do empregador, o autônomo, como o próprio nome indica, trabalha por conta própria, com autonomia. O empregado trabalha com alteridade (para outro); o autônomo trabalha para si mesmo.

Alguns elementos não são tão determinantes quanto parecem. A exclusividade, por exemplo, não é exigência do contrato de trabalho, portanto não há que se falar em contrato de trabalho unicamente pelo fato de o autônomo prestar serviços com exclusividade. A inscrição como autônomo no Conselho Regional também pode acabar mascarando uma relação de emprego. Muitas vezes, na tentativa de se fraudar um vínculo empregatício, são constituídas até microempresas. A Justiça do Trabalho tentará buscar a realidade dos fatos, para, se for o caso, declarar o vínculo, desconsiderando aquela pessoa jurídica fraudulenta.

 Estudo do caso

A partir do estudo do caso a seguir, poderemos analisar os problemas 1 e 2 propostos anteriormente.

EMENTA: VENDEDOR EMPREGADO OU REPRESENTANTE COMERCIAL AUTÔNOMO. Não há no Direito do Trabalho Brasileiro lei que defina o vendedor-empregado e o representante comercial autônomo, cujas funções são análogas às do primeiro, o que torna difícil a distinção entre esses dois trabalhadores, sobretudo quando a Lei n.º 4.886/65 (com as alterações advindas da Lei n.º 8.420/92), disciplinando o trabalho deste último, passou a estabelecer, para ele, além dos serviços de natureza não eventual (art. 1.º), certos elementos a que os tribunais se apegavam para caracterizar a subordinação jurídica. Diante dessa dificuldade, resta ao intérprete do caso concreto, que envolve figura intermediária das que se situam nas chamadas "zonas grises" existentes no campo da Ciência Jurídica, valer-se dos critérios apontados pela Doutrina para a verificação da subordinação jurídica, ainda reconhecida, universalmente, como o elemento determinante da relação de emprego. A doutrina abalizada (CARDONE, Marly, "in" Viajantes e Pracistas no Direito do Trabalho. São Paulo: LTr Editora, 1998, p. 32 e seguintes) fornece uma classificação capaz de ajudar na aferição dessa subordinação jurídica, a qual considera a verificação de três espécies de elementos: elementos de certeza (trabalho controlado pela empresa em certo lapso de tempo, comparecimento periódico obrigatório; obediência a métodos de venda; fixação de viagens pela empresa; recebimento de instruções sobre o aproveitamento da zona de vendas; e obediência a regulamento da empresa); de indício (recebimento de quantia fixa mensal; utilização de material e papel timbrado da empresa; obrigação de produção mínima; recebimento de ajuda de custo; e pessoalidade na prestação); e excludentes (existência de escritório próprio e admissão de auxiliares; substituição constante do representante na prestação dos serviços; pagamento de ISS; registro no Conselho Regional de Representantes Comerciais e utilização do tempo de forma livre). No caso, o reclamante dispunha de seu tempo de forma livre, podendo, inclusive, deixar de trabalhar o dia que quisesse; além disso, ele não se submetia a controle de horários e a comparecimento periódico na empresa; fixava suas próprias viagens; não obedecia a métodos de vendas; recebia apenas comissões, sem obrigação de produção mínima; custeava totalmente as despesas de transporte e alimentação; assumia os riscos do negócio; podia fazer-se substituir livremente na prestação dos serviços. Logo, está demonstrada a excludente da utilização do tempo livre e foram afastados os elementos de certeza e os indícios da subordinação de que fala a doutrina. Não resta dúvida, portanto, de que se trata de autêntico contrato de representação comercial autônoma, que foge à égide do Direito do Trabalho (TRT 3.ª R. – TRT/RO-15600/02 – Número único: 01741-2002-075-03-00-4 – Relator: Exma. Juíza Alice Monteiro de Barros – acesso ao site http://www.mg.trt.gov.br).

Análise

1. Esse caso concreto, envolvendo uma distribuidora no Estado de Minas Gerais, elucida muitos aspectos que devem ser considerados, quando se discute a existência da relação de emprego. A indagação fundamental é: há relação de trabalho ou relação de emprego? Em qualquer análise envolvendo esse tipo de discussão, indispensável se torna a busca daqueles elementos definidores da relação de emprego. Estando presentes, haverá vínculo empregatício.

2. O caso tem algumas peculiaridades que não aparecem na ementa do acórdão transcrito. Alega o reclamante que a Lei n.º 4.886/65 (sobre o trabalho autônomo) cobra a existência de contrato escrito com o representante comercial autônomo, além do registro no Conselho Regional, sendo que esses aspectos, inexistentes no caso, não poderiam ser desmerecidos pelo Judiciário. Ou seja, não havia contrato escrito, nem registro no Conselho; logo, ele era empregado. Nesse aspecto, encontramos a resposta no texto do acórdão quando dispõe que *é verdade que não restou provado o registro do reclamante no Conselho Regional de Representantes Comerciais. Ocorre que a jurisprudência trabalhista considera a existência ou a inexistência desse registro um mero indício a ser observado junto com os demais elementos de convicção dos autos. A prova, portanto, revelou que a reclamada, ora recorrida, não fiscalizava nem dirigia a prestação de serviços do reclamante, que podia escolher os clientes, não era submetido a qualquer controle de jornada nem estava sujeito a comparecimento periódico na empresa. Essa prova revelou, ainda, que não havia ingerência da reclamada nas vendas realizadas pelo autor, sendo que ele custeava o negócio, assumindo-lhe os riscos (na inadimplência de clientes, por exemplo) e arcando com as despesas de viagem, sendo que não havia exigência do cumprimento de cotas e estabelecimento de métodos de vendas. Desse modo, embora não exista instrumento de contrato assinado, não há dúvida de que a intenção das partes foi no sentido de que o ajuste mantido fosse regido pela Lei n.º 4.886/65.* Na verdade, a discussão, em se tratando de contrato de trabalho, não vai se apegar a formalidades, registros ou contratos escritos. No Direito do Trabalho, há um princípio que esclarece esse enfoque: é o princípio da primazia da realidade sobre a forma. Tal princípio nos ensina que se deve buscar a prática efetiva no decorrer daquela relação, sem apego a formas ou instrumentos escritos. O Judiciário buscará a verdade real em um litígio trabalhista. Com base nesse princípio, o reclamante buscou seus direitos trabalhistas no intuito de descaracterizar a relação civil para declarar-se o vínculo empregatício. A Justiça, entretanto, decidiu no sentido de que não havia relação de emprego, com base numa análise realista das provas apresentadas, já que inexistentes a subordinação jurídica e a pessoalidade (constatação feita a partir daqueles elementos de certeza, indício e exclusão citados no julgado).

3. Nos problemas 1 e 2, os mesmos critérios de análise deverão ser aplicados. No caso 1, José S. tinha sua prestação de serviço sob controle total da empresa X. Mais uma vez, o princípio da primazia da realidade vai nos servir, pois, embora tenha registro no Conselho de Representantes Comerciais, os requisitos da relação de emprego estão presentes (pessoa física, não eventualidade, subordinação, salário e pessoalidade).

No caso 2, o inverso ocorre. Pedro não teria sucesso numa reclamação trabalhista, justamente por não haver a subordinação nem a pessoalidade.

TRABALHO EM ATIVIDADE ILÍCITA

> Hilda P. trabalhou 2 anos na Loteria Irmãos M., como apontadora de jogo do bicho, sem que sua Carteira de Trabalho e Previdência Social (CTPS) tenha sido anotada. Foi dispensada ao se desentender com o proprietário da Loteria. Ajuizou reclamação trabalhista em face da Loteria, alegando existir relação de emprego, tendo trabalhado como balconista. Deve ser acolhido seu pedido de vínculo empregatício?

Teoria

Qualquer contrato deverá ter objeto lícito. Assim dispõe o Código Civil, em seu artigo 104. O contrato de trabalho deve respeitar tal mandamento, sob pena de nulidade (art. 166, II, CC). Dessa forma, não merece agasalho da lei nem do Poder Judiciário o trabalho prestado em atividade ilícita, como no jogo do bicho, jogo de azar, contrabando, etc. Assim posicionam-se os tribunais trabalhistas em sua maioria (Orientação Jurisprudencial n.º 199, da SDI-1 do TST). Existem decisões isoladas em sentido contrário, sob a argumentação de que, se o trabalhador empregou sua força laborativa em favor de um empregador, os efeitos trabalhistas daquela relação seriam devidos, em virtude, inclusive, do esvaziamento da ilicitude do jogo do bicho e da tolerância social relacionada a tal prática. Tais decisões são consideradas românticas por reconhecer um contrato com objeto ilícito, em total agressão às disposições da lei civil. De acordo com o entendimento majoritário, tendo sido proposta ação trabalhista visando ao reconhecimento de vínculo empregatício e sendo ilícita a atividade prestada pelo reclamante, o processo deve ser extinto sem julgamento do mérito por impossibilidade jurídica do pedido e falta de interesse do autor de postular em Juízo (artigos 267, VI, e 3.º do CPC).

Alguns autores, entretanto, entendem que, em certas situações, pode-se atenuar o entendimento sobre a nulidade do contrato de trabalho. A primeira exceção seria o caso de total e comprovado desconhecimento do trabalhador do fim ilícito de seu trabalho. A segunda seria o caso de labor prestado dissociado da atividade ilícita em si, como no caso de uma faxineira de lotérica de jogo do bicho.

 Estudo do caso

JOGO DO BICHO. VÍNCULO DE EMPREGO. Não pode ser considerado empreendimento empresarial lícito, porque contrário ao direito, já que é tipificada

como contravenção penal a atividade das pessoas como banqueiros, coletores de apostas ou pagamento de prêmios, dentre outras, relacionadas à conhecida popularmente como jogo do bicho. Trata-se de trabalho com fins ilícitos, inviabilizando o acolhimento da pretensão de reconhecimento de vínculo empregatício. Neste sentido, impossibilidade jurídica do pedido, em face da inadmissibilidade da pretensão perante o ordenamento legal, por se tratar de atividade ilícita (TST-RR-1205/2002-906-06-00, 4.ª T., Rel. Min. Milton de Moura França, DJU de 21.2.2003). Recurso de revista conhecido e não provido. (TST-RR-749231/01 DJ 16.4.2004).

Para análise completa do caso, faz-se necessário transcrever aqui o julgado do Tribunal Regional do Trabalho da 6.ª Região contra o qual houve interposição de recurso de revista. O acórdão acima é o julgamento do recurso contra a decisão que segue:

Tribunal Regional do Trabalho da 6.ª Região.

RELAÇÃO DE EMPREGO DECORRENTE DE TRABALHO EM BANCA DO JOGO DE BICHO. VALIDADE. *Comprovado nos autos os elementos do artigo 3.º da CLT, resta configurado o liame empregatício. A circunstância de ser atividade empresarial (banca de jogo de bicho) catalogada como ilícito penal, não pode ensejar a nulidade absoluta do contato laboral. Isso porque o jogo de bicho, embora não legalizado, é praticado às escâncaras nos Estados da Federação, contando com a tolerância e conivência dos Poderes Públicos. Milhares de trabalhadores são utilizados nessa atividade tida como ilegal, dela extraindo seu sustento e da respectiva família. Não pode o magistrado ignorar essa realidade, tampouco declarar nula de pleno direito a relação laboral havida entre o trabalhador e o tomador dos serviços, sob pena de punir o hipossuficiente e beneficiar duplamente o verdadeiro infrator, no caso o titular da banca. Recurso Ordinário a que se dá provimento parcial.*

 Análise

1. No caso em análise, estamos diante da rica discussão sobre o contrato de trabalho com objeto ilícito e as divergências sobre o tema em nossa jurisprudência. Na ação trabalhista proposta, pretendia o autor ter reconhecido o vínculo empregatício, para que lhe fossem garantidos todos os direitos advindos desse reconhecimento. Em segunda instância, o TRT da 6.ª Região julgou pela existência do contrato de trabalho, ainda que a atividade prestada pelo reclamante fosse ilícita. O reclamado interpôs, então, recurso de revista. Diante da clara contrariedade à Orientação Jurisprudencial, foi admitido o recurso de revista para TST, que acabou por reverter a decisão anterior.

2. No julgamento de mérito, o TST manteve-se coerente com o entendimento majoritário, estabelecido na já citada OJ n.º 199. Vários argumentos estão inseridos no inteiro teor do acórdão, alguns merecedores de nossa atenção:
- é inaceitável que o Judiciário Trabalhista aja em desarmonia com aquilo que prescreve nossa legislação civil;
- a atividade econômica explorada pelo empregador deve ser lícita, sendo inadmissível que, no pólo da relação trabalhista, possa existir prestador de serviço amparado pela lei, quando seu beneficiário é um contraventor;
- o jogo do bicho é uma contravenção, logo um ilícito penal alijado do mundo jurídico como gerador de direitos;
- embora tolerada e arraigada em nosso tecido social, contando inclusive com a complacência de autoridades negligentes, não pode uma contravenção tornar-se fonte geradora de nenhum tipo de contrato de trabalho amparado pela lei;
- ao se associar a uma atividade ilícita, não pode o prestador do serviço ver reconhecidos pela Justiça direitos iguais aos daquele trabalhador em atividade lícita.

3. Quanto ao problema, entendemos que a melhor solução seria o não-reconhecimento do vínculo, por todos os argumentos expostos.

TRABALHO PROIBIDO

Agnaldo B. é policial militar. Contudo, a fim de aumentar seus ganhos, trabalhava para uma empresa particular de segurança, sem carteira anotada, já que é proibido o trabalho de policial militar para terceiros. Após um ano e dois meses de trabalho para a empresa de segurança, Agnaldo foi dispensado, sem receber devidamente seus direitos. Existiu vínculo empregatício entre Agnaldo e a empresa de segurança?

 Teoria

Primeiramente, devemos distinguir o trabalho ilícito do proibido (ou irregular). O primeiro envolve um tipo legal penal, enquanto o segundo é aquele em que há desrespeito à norma proibitiva do labor em certas circunstâncias ou em virtude de quem o presta (caso do trabalho do menor, por exemplo). Logo, o trabalho proibido pode até ser prestado em atividade lícita, mas, ainda assim, não poderá ser prestado, já que há norma vedatória desse tipo de trabalho. Nossos tribunais trabalhistas seguem linhas diferentes no que diz respeito a conferir direitos trabalhistas a quem presta trabalho em atividade ilícita e quem realiza trabalho proibido. No primeiro caso, como já visto, a tendência majoritária é no sentido de não se conferir efeitos trabalhistas. No segundo caso, o oposto ocorre: embora seja nula a obrigação, não é nulo o contrato. O trabalhador poderá reclamar os salários e direitos correspondentes aos serviços prestados, pois, do contrário, o Direito acabaria permitindo o locupletamento (enriquecimento ilícito) do empregador que escaparia de todas as obrigações decorrentes do contrato de trabalho.

 Estudo do caso

RELAÇÃO DE EMPREGO – TRABALHO LÍCITO E TRABALHO PROIBIDO – POLICIAL MILITAR. O serviço que executa o policial militar perante terceiro

pode ser proibido, na medida em que a legislação não lhe permite outra atividade fora do regime profissional que o vincula ao Estado, mas certamente não se pode dizer que esteja a executar trabalho ilícito. A proibição pode acarretar-lhe conseqüências punitivas, as mais diversas, por força de deveres específicos decorrentes de regulação normativa própria da atividade policial, mas que, perante seu empregador, pessoa que se beneficiou de seu trabalho lícito, não ilícito, ressalte-se, há que prevalecer a proteção emergente das normas trabalhistas, ante o princípio do contrato-realidade. Nesse sentido pacificou-se a jurisprudência desta e. Corte, conforme Orientação Jurisprudencial n.º 167 do TST: "Preenchidos os requisitos do art. 3.º da CLT, é legítimo o reconhecimento de relação de emprego entre policial militar e empresa privada, independentemente do eventual cabimento de penalidade disciplinar prevista no Estatuto do Policial Militar". Recurso de revista conhecido e provido (TST-RR-6398/2000-014-12-00 DJ 12.3.2004).

 Análise

1. O caso analisa as diferentes conseqüências em situações de trabalho ilícito e proibido. No voto do relator, lemos que *não se deve confundir trabalho proibido com trabalho ilícito. Trabalho proibido é trabalho lícito, daí por que, quando prestado, gera todos os direitos ao empregado e sanções ao empregador. É o caso, por exemplo, do menor que presta serviço em atividade considerada insalubre ou perigosa. Não se desconhece que o trabalho, nessas condições, é prestado por empregado maior, mas proibido ao menor, que, por estar em processo de desenvolvimento, não deve expor-se a fatores biológicos, físicos, químicos, etc., que sejam prejudiciais à sua saúde. Já o trabalho ilícito, que implica sempre contravenção ou crime, é diferente. É expressamente vedado pelo ordenamento jurídico que o tipifica como passível de punição, seja com pena de detenção ou reclusão, para prestador e tomador dos serviços. É o caso, por exemplo, do "vendedor" ou "passador de drogas", do "apontador" de jogo do bicho e tantas outras atividades criminosas. Nesse caso, inviável falar-se em*

direitos trabalhistas ou de qualquer outra natureza, porque manifestamente ilícito o objeto do "contrato" existente entre tomador e prestador de serviços.

2. Portanto, o autor teve sua relação de emprego reconhecida pela Justiça. A jurisprudência já vem se firmando no sentido de que, independente de eventuais penalidades que caibam ao trabalhador, seu vínculo será reconhecido, já que preenchidos os requisitos do artigo 3.º da CLT. Este é o entendimento firmado na Orientação Jurisprudencial da SDI do TST, n.º 167, convertida na Súmula n.º 386 do TST: *Preenchidos os requisitos do art. 3.º da CLT, é legítimo o reconhecimento de relação de emprego entre policial militar e empresa privada, independentemente do eventual cabimento de penalidade prevista no Estatuto do Policial Militar.*

3. Estamos diante, mais uma vez, do princípio da primazia da realidade, tão importante no Direito do Trabalho. De acordo com tal princípio, vale mais a realidade fática do que as formalidades. Em razão disso, ainda que tenha exercido atividade proibida, terá seu vínculo reconhecido pela Justiça do Trabalho, já que, na realidade, havia contrato de trabalho.

4. O mesmo raciocínio pode ser utilizado para as demais formas de trabalho proibido, exceto quando o trabalhador prestar serviços para a Administração Pública. Nesse caso, a Constituição prevê a contratação de servidor somente através de concurso público (art. 37, II), não se formando, assim, vínculo de emprego com a Administração Pública.

5. Diante de todo o exposto, o problema é de simples solução. Há vínculo empregatício, independentemente das punições a serem aplicadas ao policial militar em virtude do seu desrespeito à norma proibitiva.

ESTAGIÁRIO

Lucas J. estava cursando o 4.º ano de Psicologia numa faculdade da cidade de São Paulo. Após um longo processo de seleção, tornou-se estagiário do Banco Y, tendo firmado um Termo de Estágio, com a devida participação da instituição de ensino. Recebia uma bolsa de R$ 750,00. No banco, Lucas ajudava no atendimento ao público, contava numerário e separava cheques. Após o término da sua faculdade, tendo sido frustrada sua intenção de ser contratado, Lucas ajuizou ação trabalhista pleiteando o reconhecimento do vínculo empregatício com o banco. Analise a situação de Lucas.

 Teoria

Ainda dentro do instigante tema da "relação de trabalho x relação de emprego", encontramos o estágio, não regido pela CLT, mas por legislação específica (Lei n.º 6.494/87 e Decreto n.º 87.497/82). Empregado e estagiário não se confundem: o último deve ter uma oportunidade de vivência no mercado de trabalho, onde poderá aplicar seus conhecimentos teóricos – tudo dentro da intenção maior de aprendizagem, o que não ocorre com o empregado. O estagiário, portanto, busca meios de preparar o caminho para sua futura inserção profissional. É um aprendizado visando a uma futura empregabilidade. Caso haja um desvirtuamento do estágio, poderá surgir o vínculo empregatício. Claro que poderemos, em muitos casos, encontrar estagiários que preencham os cinco elementos da relação de emprego (se o estágio for remunerado por bolsa), mas a diferença está no objetivo educacional do estágio, o que não ocorre com o empregado regido pela CLT.

Por tudo isso, as normas relativas ao estágio exigem algumas formalidades. Em primeiro lugar, a realização do estágio deverá ser formalizada num termo de compromisso celebrado entre o estudante e a parte concedente, com a interveniência obrigatória da instituição de ensino. Exige ainda a lei que somente alunos regularmente matriculados e freqüentes podem se tornar estagiários. A jornada do estagiário deve ser compatível com o seu horário de aulas. O artigo 4.º da lei dispõe que o estagiário deve estar segurado contra acidentes pessoais. Quanto à parte concedente do estágio, esta deverá ter condições de proporcionar experiência prática na linha de formação do estudante. O estagiário poderá receber uma bolsa (não salário).

Um aspecto muitas vezes esquecido é o papel a ser desenvolvido pela instituição de ensino. Como a finalidade do estágio é propiciar a complementação do ensino e da aprendizagem e as atividades do estudante devem ser planejadas, executadas, acompanhadas e avaliadas em conformidade com os currículos, programas e calendários escolares, não seria razoável que a empresa concedente do estágio fosse a responsável por julgar sua utilidade e aproveitamento, tendo em vista que ela nada entende de ensino. Logo, esse papel cabe à instituição de ensino, que deve, efetivamente, cumpri-lo, cuidando para que a oportunidade do estudante seja proveitosa.

Por fim, dispõe a lei que o estágio não cria vínculo empregatício de qualquer natureza. Acrescentamos que não criará vínculo desde que esteja de acordo com a verdadeira intenção da lei, que é propiciar uma complementação do ensino teórico. Mais uma vez, lembramos o princípio da primazia da realidade, tão útil nas questões envolvendo relação de trabalho ou de emprego. Se um estagiário for contratado como mão-de-obra regular do empregador, sem qualquer objetivo de aprendizado prático, poderá ser considerado empregado, descaracterizando o estágio, desde que presentes os elementos fático-jurídicos que configuram a relação empregatícia.

 Estudo do caso

EMENTA: RELAÇÃO DE EMPREGO. ESTÁGIO CURRICULAR. A ocorrência de fraude é fato que não se presume. E não se pode cogitar de fraude em estágio curricular celebrado nos moldes legais apenas pelo fato de o estudante ser inserido

na atividade-fim da parte concedente, mesmo porque, na hipótese vertente, as atividades de aprendizagem correlatas ao curso freqüentado pelo autor são exatamente aquelas insertas no processo produtivo da parte concedente e que vieram, em última análise, propiciar ao reclamante o conhecimento profissional através da aquisição de experiências vivas e reais no campo de atuação da profissão por ele escolhida (TRT 3.ª R. – TRT/RO-15976/02 – Número único: 00898-2002-035-03-00-0 – Relator: Exmo. Juiz Manoel Barbosa da Silva – acesso ao site http://www.mg.trt.gov.br).

 Análise

1. Trata-se de um caso em que o autor, baseando-se no princípio da primazia da realidade, alegava que o contrato de estágio era nulo, havendo, pois, relação de emprego entre estagiário e instituição financeira. A sentença de primeira instância julgou improcedentes os pedidos do reclamante. Contra essa sentença, insurgiu-se o autor, alegando que a realidade dos fatos retrata *a existência de um contrato de trabalho regido pela CLT em que lhe eram confiadas as mesmas atividades funcionais desempenhadas pelos empregados do reclamado; o trabalho era prestado mediante subordinação do chefe de cobranças do reclamado, Sr. C.; havia cumprimento de jornada de trabalho superior à contratada no estágio; não havia emissão de relatórios de aprendizagem exigidos pela regulamentação do estágio; foi nomeado preposto do reclamado tendo-o representado em audiência perante a Vara de Três Rios/RJ.* (Trecho retirado do relatório do citado acórdão.)

2. No caso ora em análise, estamos diante da antiga discussão sobre a existência ou não dos requisitos do vínculo empregatício. No decorrer do processo, ficou provado que, apesar de ter um horário estabelecido para sua atividade de estágio, o reclamante jamais era fiscalizado. Outro ponto esclarecido diz respeito a suas atividades, que eram compatíveis com seu curso, de modo que cumpriram o objetivo de proporcionar ao estudante conhecimentos pela participação em situações reais de vida e trabalho do seu meio. O reclamante alegava que estava inserido na atividade-fim da empresa, concluindo que era utilizado como mão-de-obra barata em substituição a bancários, categoria com vários direitos garantidos pela CLT e convenções coletivas de trabalho.

3. O Tribunal Regional do Trabalho manteve a sentença de 1.ª Instância, conforme transcrição acima. Estar inserido na atividade-fim não quer dizer, necessariamente, que esteja havendo substituição fraudulenta de funcionários por estagiários. Como está muito bem colocado no acórdão, a fraude não se presume. O estágio vinha cumprindo a sua finalidade e, quando isso ocorre (ou seja, quando o curso é compatível com o estágio e as atividades nele desempenhadas), é muito difícil haver vínculo empregatício. As decisões dos nossos tribunais só tendem a declarar a nulidade do estágio quando há total incompatibilidade entre o curso do estudante e as atividades por ele exercidas.

4. A análise ideal de uma discussão envolvendo estágio deverá levar em conta os requisitos formais e materiais exigidos pela legislação específica sobre esse tipo de pacto. Os requisitos materiais referem-se à efetiva aprendizagem social, profissional e cultural do estudante, além da compatibilidade entre a formação do aluno e suas atividades no estágio. Os requisitos formais são aqueles já elencados na regra geral: o termo de compromisso; as três partes que devem estar envolvidas nesse termo; o seguro contra acidente do trabalho; a efetiva matrícula e freqüência do aluno; a jornada compatível. Estando presentes os requisitos formais, a discussão no processo estará centrada nos requisitos materiais, o que passa necessariamente pelo princípio da primazia da realidade. No caso acima, trata-se de um estágio, seja do ângulo formal, seja do material.

3

EMPREGADO

POR QUE ESTUDAR ESTE CAPÍTULO?
As leis trabalhistas visam, em grande parte, proteger uma das partes da relação de emprego. Protege-se, obviamente, a parte mais fraca, que é o empregado. Assim, estudar quem ele é, o que a lei diz dele, quais são os tipos de empregado é de grande importância.

Encontramos no artigo 3.º da CLT que empregado é *toda pessoa física que prestar serviços de natureza não eventual a empregador, sob a dependência deste e mediante salário*. Portanto, conforme expusemos no capítulo anterior, alguns elementos são fundamentais para se entender a figura do empregado. Primeiramente, ele só pode ser pessoa física, jamais pessoa jurídica. Em segundo lugar, os serviços prestados devem ser de natureza não eventual, ou seja, se os serviços são esporádicos, não se trata de um empregado. Quando o artigo 3.º dispõe que o empregado trabalha "sob dependência" do empregador, está dizendo que há uma ligação característica entre eles: a chamada subordinação jurídica. E, por último, o empregado deve receber salário, pois o contrato de trabalho é oneroso. Como vimos no capítulo 2, há ainda um quinto elemento importante para o conceito de empregado, que é a pessoalidade. O empregado deve prestar seus serviços pessoalmente, não podendo fazer-se substituir de acordo com a sua única e exclusiva conveniência. O contrato de trabalho é personalíssimo em relação ao empregado.

Na legislação brasileira, encontramos algumas espécies de trabalhadores que merecem atenção. São os empregados em domicílio (artigo 6.º, CLT); o empregado aprendiz; o empregado doméstico (Lei n.º 5.859/72); o empregado rural (Lei n.º 5.889/73); o empregado público (Lei n.º 9.962/2000); o trabalhador temporário (Lei n.º 6.019/74). Trata-se de tipos de relação jurídica empregatícia particular, muitas vezes com tratamento diferenciado.

EMPREGADO DOMÉSTICO

O senhor José foi contratado em janeiro de 2000 para trabalhar como caseiro na granja de propriedade do dr. Luís, cuidando das plantas e da casa, alimentando os cães e limpando a piscina. A partir de janeiro de 2003, o dr. Luís começou a vender o excedente na produção de hortifrutigranjeiros para terceiros, já que havia muita sobra e sua família não consumia tudo o que era produzido na granja. A negociação do excedente persiste até hoje. Analise a situação jurídica do senhor José por todo o período.

Teoria

A Lei n.º 5.859 de 1972 dispõe que empregado doméstico é aquele que presta serviços de natureza contínua e de finalidade não lucrativa à pessoa ou à família, no âmbito residencial destas. Os mesmos cinco elementos devem estar presentes para que haja vínculo de emprego. No entanto, alguns outros aspectos são fundamentais e merecem ser ressaltados:

- natureza contínua: diferentemente do que diz a CLT (não eventualidade), a Lei n.º 5.859 diz "serviços de natureza contínua". Para muitos doutrinadores, tal distinção nada significa, sendo ambas as expressões idênticas para a identificação do vínculo de emprego doméstico. Para outra corrente de doutrinadores, não adotando a expressão da CLT, o legislador quis dar um tratamento particular ao doméstico, exigindo uma efetiva continuidade – o que acabaria por excluir a diarista da relação de emprego, já que sua prestação é descontínua;
- finalidade não lucrativa: o trabalho prestado não deve ter característica produtiva, gerando lucro para o empregador. Logo, percebe-se que essa noção deve ser analisada levando-se em conta a não-lucratividade do empregador;
- serviços à pessoa ou à família: a pessoa jurídica não pode ser empregador doméstico. Somente a pessoa ou a família podem ser empregadores de domésticos;
- âmbito residencial: a Lei n.º 5.859/72 utiliza a expressão "no âmbito residencial" da pessoa ou da família. A expressão é criticada por doutrinadores (como Amauri Mascaro e Sérgio Pinto Martins), que prefeririam "para o âmbito residencial". Essa distinção é feita tendo em vista que muitos serviços são presta-

dos em função da residência, sem a idéia de estarem inseridos "no" âmbito residencial. Por exemplo, o motorista particular é considerado doméstico, mas não está laborando na residência. O empregado da casa de campo também, uma vez que esta será considerada uma extensão da residência da pessoa ou da família.

O doméstico tem menos direitos do que o empregado regido pela CLT, por isso é muito importante a caracterização do trabalho prestado, levando-se em conta o exposto acima. A CLT, em seu artigo 7.º, a, é expressa ao dispor que os domésticos estão excluídos de sua aplicação.

Outro empregado com tratamento especial é o rural, também excluído do âmbito de aplicação da CLT. De acordo com a Lei n.º 5.889/73, empregado rural é aquele que presta serviços a empregador rural, em propriedade rural (situada na zona rural) ou prédio rústico (propriedade com atividade rural situada na área urbana). Se a atividade do empregador for rural, o empregado será rural.

Estudo do caso

EMPREGADO RURAL. NÃO-CARACTERIZAÇÃO. Não é empregado rural quem presta serviços em chácara particular destinada ao lazer da família do empregador, onde não é explorada atividade agropastoril (TRT 12.ª R. – RO-V 6.074/2001 – 1.ª T.).

Análise

1. O caso em tela traz à tona um importante ponto quando se trata da caracterização do trabalho prestado pelo caseiro em granjas ou chácaras particulares. O autor da ação pretendia provar que seu trabalho era, na verdade, rural. A diferença importa na medida em que os direitos previstos para o doméstico são consideravelmente menores do que aqueles do trabalhador rural. Esse tratamento diferenciado pode ser constatado através de uma simples leitura do artigo 7.º, parágrafo único, da Constituição Federal, onde estão previstos os direitos estendidos à categoria doméstica: dos 34 incisos do artigo 7.º, somente 9 lhe são aplicados (incisos IV, VI, VIII, XV, XVII, XVIII, XIX, XXI e XXIV). Assim, ao caracterizar o empregado como rural, não doméstico, as conseqüências serão patrimoniais, tornando aquele contrato de trabalho mais oneroso para o empregador.

2. Como já estudado, há alguns elementos decisivos na definição do empregado doméstico, previstos no artigo 2.º da Lei n.º 5.859/72. São eles:
- trabalho de natureza contínua;
- prestado à pessoa ou à família, no âmbito residencial destas;
- sem finalidade lucrativa.

Percebe-se que o juiz, diante de um caso concreto, deverá ater-se a tais aspectos a fim de decidir sobre a condenação (ou não) de um empregador que erroneamente contratou um rural como se fosse doméstico, prejudicando tal empregado.

3. Vejamos, então, o que consta do voto do Juiz Relator, ao analisar a situação do reclamante.

Busca o autor o reconhecimento da condição de trabalhador rural, visando a perceber verbas atinentes a essa modalidade de contrato de trabalho.

Afirma o empregado que trabalhava em propriedade do réu, tratando de reses destinadas à venda e realizando outras tarefas tipicamente rurais, como cultivar frutas e verduras, controlar ervas daninhas com aplicação de veneno, entre outras.

Não pode ser acolhida a pretensão do autor, em razão da impossibilidade de qualificar o empregador como rural.

A Lei n.º 5.889/73 dispõe em seu artigo 2.º que: "Considera-se empregador rural, para os efeitos desta lei, a pessoa física ou jurídica, proprietário ou não, que explore atividade agroeconômica, em caráter permanente ou temporário, diretamente ou através de prepostos e com auxílio de empregados".

Resta claro da leitura dos autos que o empregador não explorava atividade agroeconômica. Ele apenas possuía um pequeno sítio que era usufruído por sua família em alguns finais de semana, onde eram mantidas algumas cabeças de gado a serem consumidas pela própria família, e, algumas excedentes, vendidas. Como alegado pelo próprio autor, em seu depoimento, à fl. 71, era realizada, em média, uma venda a cada três anos e em número pequeno. Testemunha arrolada pelo próprio autor (fl. 72) informa que os serviços prestados pelo autor não lhe exigiam mais do que duas horas e meia no dia. Mais um indício de que o número de reses era, de fato, pequeno. Embora o número de cabeças de gado existentes na propriedade não tenha sido corretamente delimitado, concluo que era baixo, incapaz de caracterizar o réu como pecuarista. Ademais, não havia a comercialização de outros produtos extraídos ou produzidos na propriedade do réu. Extraio, assim, que a pequena renda gerada pela venda de alguns animais não constitui exploração de atividade agrária. Resta evidenciado que a propriedade do réu era, eminentemente, destinada ao lazer de sua família, tendo sido o autor contratado na função de caseiro.

Destarte, não pode o réu ser caracterizado como empregador rural e, por via de consequência, não pode o autor ser enquadrado como trabalhador rural. Ele era caseiro, empregado doméstico, somente fazendo jus aos direitos e benefícios previstos para a modalidade de contrato de trabalho doméstico, já deferidas em primeira instância.

4. Percebe-se que o elemento definidor da decisão foi o fato de que não havia atividade com finalidade lucrativa na chácara. Embora tivesse havido vendas de reses, essas foram tão ocasionais e inexpressivas que não levaram a concluir que se tratava de atividade agropastoril. Além disso, a chácara de família é considerada um típico ambiente familiar, tanto quanto a residência, quando dedicada ao lazer de fim de semana, o que ocorreu no caso concreto. Sendo assim, confrontando o artigo 2.º da Lei n.º 5.889/73 (sobre o trabalho rural) e a Lei n.º 5.859/72 (sobre o trabalho doméstico), constata o douto julgador que se trata de um empregado doméstico.

5. O problema apresentado, envolvendo sr. José e dr. Luís, deve ser analisado sob o mesmo enfoque do caso estudado. Quando o sr. José apenas prestava serviços tipicamente caseiros, tinha vínculo doméstico. A partir do momento em que passou a vender o excedente de produção, tornou-se trabalhador rural, com todas as conseqüências patrimoniais daí decorrentes.

EMPREGADO EM DOMICÍLIO

> Isaura foi contratada pela empresa Costuras Ltda. para trabalhar, em seu próprio domicílio, como costureira. A combinação foi a seguinte: a empresa lhe entregaria o material (panos, etc.) toda semana, às segundas-feiras. Ela teria a obrigação de entregar na sexta-feira os produtos acabados. Mensalmente, receberia uma quantia em troca desse trabalho e, em virtude de sua habilidade nas costuras, somente ela poderia realizar o serviço exigido pela empresa. Como trabalhava em sua casa, ela fazia o horário que bem entendesse (podia, inclusive, ver a sua novela predileta durante a tarde). Bastava que ela entregasse a cota estipulada pela empresa semanalmente. Há vínculo empregatício entre Isaura e a Costuras Ltda.?

Teoria

O trabalho em domicílio é aquele não prestado no estabelecimento, mas no domicílio do empregado. O artigo 83 da CLT acrescenta a possibilidade de esse tipo de serviço ser prestado em oficina de família. Independentemente de ser prestado no domicílio do empregado, se os elementos da relação de emprego estiverem presentes, será a prestação de trabalho regida pela CLT. É o que dispõe o artigo 6.º da CLT:

Não se distingue entre o trabalho realizado no estabelecimento do empregador e o executado no domicílio do empregado, desde que esteja caracterizada a relação de emprego.

Em outras palavras, pouco importa onde o empregado trabalha, mas como e em que circunstâncias ele labora. Por isso, deverá ser pessoa física; sua prestação deverá ser não eventual; deve haver a subordinação jurídica e a prestação pessoal dos serviços; deve haver o pagamento de salário.

Estudo do caso

CONTRATO DE TRABALHO EM DOMICÍLIO – Caracterização. Por se desenvolver longe das vistas do empregador e dentro da residência do empregado, o contrato de trabalho em domicílio tem o elemento subordinação bastante atenuado, de modo que, constatada a prestação de serviços, de forma contínua e exclusiva, em atividade permanente da tomadora, por conta desta e mediante remuneração, paga periodicamente, por unidade de obra, caracterizada estará a relação de emprego, pouco importando que o trabalhador tenha sido auxiliado por outros membros de sua família, já que tal fato não desnatura a pessoalidade (inteligência dos artigos 6.º e 83, da CLT) (TRT 15.ª R. – RO-7 11.168/01 – Ac. 48752/01 – 5ª T. – Rel. Desig. Juiz Jorge Luiz Costa – DOE 6.11.2001).

Análise

1. Várias controvérsias podem surgir diante de casos de empregados em domicílio. Ao pleitear o reconhecimento do vínculo empregatício, o reclamante deve provar a existência dos cinco elementos da relação de emprego. Como provar a subordinação, se não está sob as ordens diretas e não está no estabelecimento do empregador? E a pessoalidade? Como saber se somente um determinado indivíduo presta os serviços, sem se fazer substituir livremente e sem interferência do empregador? Qual será a linha divisória entre uma relação de trabalho autônoma e uma relação de emprego?

2. No caso em tela, discutem-se justamente tais pontos levantados. A dificuldade na determinação da situação real é tamanha que o Tribunal Regional do Trabalho da 15.ª Região reverteu a decisão de 1.ª Instância que havia entendido não haver vínculo. Assim se manifestou a turma do TRT:

(...) No contrato de trabalho em domicílio, em virtude da prestação laboral se desenvolver longe das vistas do empregador e dentro da residência do empregado, a subordinação assume caráter atenuado, que abstrai a idéia de supervisão e controle por parte do empregador, para exprimir-se através do controle do resultado da atividade, ainda que seja no momento da entrega. (Penna da Costa, D. I. Proteção do Emprego da Mulher – Trabalho em Domicílio. Síntese Trabalhista, julho de 1996, pp. 22-25, citando Luz Veja Ruiz.)

Mais específica e muito mais precisa, ensina a Ilustre Alice Monteiro de Barros que, nesse tipo de contrato, a subordinação jurídica se manifesta em momento precedente ao desenvolvimento do trabalho, com a indicação das modalidades de sua execução e características dos produtos produzidos e em momento sucessivo, traduzida pela conferência do serviço, segundo os critérios estabelecidos (Trabalho em domicílio, LTr 60-07/892).

3. A partir deste ponto, os ilustres julgadores passaram a considerar as provas dos autos. Alguns aspectos merecem destaque, a saber:
- restou incontroverso que a reclamante prestou serviços à reclamada continuamente, por mais de uma década;
- a reclamante recebia remuneração pelo trabalho, por unidade de obra, mensalmente;
- o trabalho realizado pela reclamante era a embalagem de produtos, atividade de necessidade permanente da reclamada, para a qual ela mantinha empregados em seu estabelecimento;

- semanalmente, os caminhões da reclamada passavam pela casa da reclamante para deixar o serviço a executar e apanhar o pronto.

A reclamada alegou que não havia a pessoalidade, já que a reclamante era ajudada por parentes próximos. Quanto a isso, consta do acórdão:

O só fato de a Reclamante ter sido auxiliada na prestação laboral, por suas filhas e seu marido, não desnatura a pessoalidade, em face do disposto no artigo 83 da CLT, como bem acentua Carrion (...), não sendo demais lembrar que, para Orlando Gomes e Elson Gottschalk, o elemento pessoalidade é até mesmo inexigível nesse tipo de contrato (GOMES, Orlando; GOTTSCHALK, Elson. "Curso de Direito Civil". 1.ª edição. Rio de Janeiro: Forense, 1991, p. 505). Pelo que se observa dos autos e do que acima foi dito, a Reclamante trabalhava de forma pessoal, onerosa, subordinada, não eventual e até exclusiva, de modo que se encontravam presentes, na relação laboral mantida, todos os requisitos exigidos pelos artigos 2.º, 3.º, 6.º e 83 da CLT, a permitir o reconhecimento de típico contrato de trabalho em domicílio. Portanto, o recurso merece provimento.

4. Percebe-se, pois, que os requisitos "subordinação" e "pessoalidade" têm um tratamento atenuado, quando se fala em empregado em domicílio. O problema de Isaura deve ser analisado sob esse ângulo. Entendemos haver vínculo empregatício, já que presentes os cinco elementos. O fato de Isaura estipular seu horário em nada modifica a natureza jurídica da sua prestação.

4

EMPREGADOR

POR QUE ESTUDAR ESTE CAPÍTULO?
Sem ele não haveria relação de emprego. Só existe empregado porque existe alguém que o contrata e o remunera. Entender o papel do empregador tem imensa utilidade, ainda mais quando pensamos nos avanços do capitalismo, nas sofisticadas formas de organização das empresas e na circulação de riqueza que o trabalho assalariado gera.

De acordo com a CLT, empregador é a empresa que, assumindo os riscos da atividade econômica, admite, assalaria e dirige a prestação pessoal dos serviços (art. 2.º). No entanto, para melhor entendimento do que seja empregador, devem-se relembrar os elementos da relação de emprego, para, então, concluir que **empregador é aquele que possui empregados**. Em outras palavras, será empregador aquele que admitir alguém que preste serviço caracterizado pelos elementos que já estudamos. Essa concepção, mais abrangente, fornece uma idéia melhor do que seja empregador. Pessoa física, sociedade de fato, autarquias, etc. também poderão ter empregados regidos pela CLT, desde que dentro dos moldes vistos.

GRUPO ECONÔMICO E SUCESSÃO DE EMPRESAS

1. Marília trabalhou para Money Bank S/A, empresa controlada por More Money S/A, que é controladora de duas outras empresas (Money 2 e Money 3), de maio de 1992 até abril de 2003. Indignada ao ser dispensada por justa causa, Marília ajuizou reclamação trabalhista em face de sua empregadora e de todas as outras empresas do grupo econômico. As empresas More Money, Money 2 e Money 3 apresentaram suas defesas alegando não serem empregadoras de Marília, tendo personalidade jurídica distinta da Money Bank S/A. Como juiz do caso, você aceitaria as alegações apresentadas?

2. Klaus era proprietário da Pizzaria Itália Ltda. Diante das dificuldades financeiras por que vinha passando, resolveu vender seu pequeno empreendimento para seu colega Mário. Mário, por sua vez, temendo eventuais prejuízos, resolveu ajustar, por escrito, que toda e qualquer obrigação trabalhista relativa ao período em que Klaus era proprietário do estabelecimento era de responsabilidade única e exclusiva do próprio Klaus. Dessa forma, Mário só seria responsável pelas obrigações trabalhistas a partir do momento em que se tornou dono da Pizzaria. Tem algum valor esse acordo feito entre antigo e novo proprietários?

Teoria

Dispõe a CLT, sobre grupo econômico, em seu artigo 2.º, § 2.º: *Sempre que uma ou mais empresas, tendo, embora, cada uma delas, personalidade jurídica própria, estiverem sob a direção, controle ou administração de outra, constituindo grupo industrial, comercial ou de qualquer outra atividade econômica, serão, para os efeitos da relação de emprego, solidariamente responsáveis a empresa principal e cada uma das subordinadas.*

A intenção desse dispositivo legal foi garantir o recebimento do crédito trabalhista por parte do empregado, através da responsabilidade ampliada às outras empresas do mesmo grupo. A responsabilidade é solidária, ou seja, o empregado poderá exigir de todas as empresas do grupo o pagamento de sua dívida, mesmo que tenha sido contratado por somente uma empresa componente do grupo econômico.

No que diz respeito ao fenômeno da sucessão trabalhista (também chamado sucessão de empresas ou de empregadores), primeiramente devemos entender do que se trata. Sucessão, em geral, é a transmissão de direitos, ou seja, é a substituição de uma pessoa por outra na mesma relação jurídica (por exemplo, quando uma firma assume o ativo e o passivo de outra). No campo do Direito do Trabalho, a sucessão relaciona-se intimamente com o princípio da despersonalização do empregador, que estabelece que o empregado não se vincula à pessoa física do empregador, mas à empresa. Por isso, diz-se que o contrato de trabalho só é personalíssimo em relação ao empregado, não ao empregador. Partindo daí, vejamos o que dispõe a CLT, que trata da sucessão em dois artigos distintos:

Art. 10. Qualquer alteração na estrutura jurídica da empresa não afetará os direitos adquiridos por seus empregados.

Art. 448. A mudança na propriedade ou na estrutura jurídica da empresa não afetará os contratos de trabalho dos respectivos empregados.

Um artigo completa o outro. No primeiro, fala-se em direitos adquiridos pelos empregados. O outro trata dos contratos de trabalho dos empregados. Em ambos os casos, alteração ou mudança na propriedade da empresa não afetará a situação dos empregados. Os contratos de trabalho continuam a vigorar normalmente, mesmo que a empresa seja vendida a novos proprietários. Da mesma forma, os direitos adquiridos pelos empregados permanecerão inalterados. Um novo proprietário, por exemplo, não pode reduzir o salário de seus empregados. Ações trabalhistas, ainda que versem sobre direitos do período do antigo proprietário, serão de responsabilidade do novo, já que é a empresa quem responde pelas obrigações trabalhistas, não a pessoa física dos sócios. Em resumo, o sucessor fica responsável pelas obrigações trabalhistas do sucedido. De nada valem acertos em sentido contrário, pois a responsabilidade trabalhista em caso de sucessão não está no âmbito da livre vontade das partes. Pelo contrário, ela decorre da lei, não podendo ser contrariada por ajustes particulares.

Estudo do caso

SUCESSÃO. SOLIDARIEDADE. GRUPO ECONÔMICO. *A solidariedade decorre da lei ou da vontade das partes (artigo 265 do Código Civil de 2002). Inexiste, porém, previsão legal que estenda a responsabilidade solidária à sucessora de empresa que pertenceu ao mesmo grupo econômico da Reclamada. Recurso de Revista não conhecido (TST-RR 1751/2000-007-01-00 – DJ 25.6.2004).*

Análise

1. O caso é complexo, envolvendo os dois fenômenos acima analisados (grupo econômico e sucessão). O reclamante laborou para Editora B. Ltda., empresa do grupo B. Ajuizou reclamação trabalhista em face da TV O. Ltda. (sucessora da TV M.) e da massa falida da Editora B., alegando ser esta sucessora de empresa do grupo econômico do qual sua empregadora (a editora) fazia parte. Seu argumento, em outras palavras, era o seguinte:

- trabalhava para uma empresa que fazia parte de um grupo econômico;
- a empresa em que trabalhava não cumpriu com suas obrigações e débitos trabalhistas;
- uma das empresas do grupo (a TV) foi adquirida por outra, saudável do ponto de vista econômico, sendo esta sucessora da antiga empresa, aplicando-se o disposto nos artigos 10 e 448 da CLT (sobre sucessão trabalhista);
- de acordo com o artigo 2.º, § 2.º, da CLT, em caso de grupo econômico, todas as empresas são solidariamente responsáveis. Portanto, a sucessora, tendo adentrado o grupo através da aquisição do canal de TV, tornou-se responsável pelas obrigações trabalhistas do reclamante com a editora.

2. A empresa sucessora apresentou sua defesa, contestando tais alegações, que acabou sendo acatada pelo Tribunal Superior do Trabalho. O entendimento do TST baseou-se nos seguintes aspectos:
- o reclamante jamais trabalhou para a antiga TV M., sucedida pela TV O.;
- a TV O. jamais fez parte do grupo econômico B;
- se o reclamante tivesse sido empregado da TV M., a TV O. seria responsável como sucessora, em total respeito aos artigos 10 e 448 da CLT;
- como o reclamante jamais foi empregado da TV M. e a TV O. nunca fez parte do grupo econômico B., não há que se falar em responsabilidade solidária.

3. Em resposta aos problemas propostos no número 1, embora tenham personalidade jurídica distinta, todas fazem parte do mesmo grupo econômico, de nada valendo suas alegações em contrário. No segundo problema, o acordo entre Klaus e Mário não tem qualquer valor, já que a responsabilidade do sucessor não pode ser afastada por vontade

individual. Em outras palavras, a cláusula da não-responsabilização do sucessor não produz qualquer efeito.

TERCEIRIZAÇÃO

Diogo é empregado da empresa ABC Caixas Ltda., contratada pela empresa XYZ Tênis Ltda., para realizar o acabamento do tênis produzido pela última. Diogo, apesar de ser empregado da ABC, trabalha em conjunto com os empregados da XYZ. Nos últimos quatro meses, sua empregadora (ABC) vem atrasando o pagamento dos salários e horas extras prestadas. Finalmente, na semana passada, Diogo foi dispensado sem receber suas verbas rescisórias. Ele procurou seu escritório e indagou sobre a possibilidade de requerer seus direitos na Justiça em face da empresa XYZ, já que a ABC, sua empregadora, está praticamente com as atividades encerradas e insolvente. Qual o seu parecer sobre sua situação?

Teoria

A terceirização surgiu em virtude da necessidade de descentralização da atividade produtiva da empresa, na busca de ganhos de produtividade e, conseqüentemente, maior lucratividade com a redução de custos. Através dela, uma empresa delega a outra parte da sua produção ou atividades secundárias. Esse fenômeno gera conseqüências no Direito do Trabalho: o empregado de uma empresa de terceirização não tem vínculo direto com a empresa na qual ele presta seus serviços. Daí o surgimento de inúmeras empresas prestadoras de serviço, exclusivamente criadas para terceirizar empregados.

Diante da rapidez com que a terceirização se espalhou no ambiente produtivo, surgiu a necessidade de um tratamento jurídico. Foi o Tribunal Superior do Trabalho que veio a tratar do assunto, através do Súmula n.º 331, que assim dispõe sobre o tema:

I – A contratação de trabalhadores por empresa interposta é ilegal, formando-se o vínculo diretamente com o tomador dos serviços, salvo no caso de trabalho temporário (Lei n.º 6.019, de 3.1.74).

II – A contratação irregular de trabalhador, através de empresa interposta, não gera vínculo de emprego com os órgãos da Administração Pública Direta, Indireta ou Fundacional (art. 37, II, da Constituição da República).

III – Não forma vínculo de emprego com o tomador a contratação de serviços de vigilância (Lei n.º 7.012, de 20.6.83) e de conservação e limpeza, bem como a de serviços especializados ligados à atividade-meio do tomador, desde que inexistente a pessoalidade e a subordinação direta.

IV – O inadimplemento das obrigações trabalhistas, por parte do empregador, implica na responsabilidade subsidiária do tomador dos serviços quanto àquelas obrigações, inclusive quanto aos órgãos da administração pública direta, das autarquias, das fundações públicas, das empresas públicas e das sociedades de economia mista, desde que hajam participado da relação processual e constem também do título executivo judicial (art. 71 da Lei n.º 8.666/93).

Estudo do caso

EMENTA: Terceirização. Responsabilidade subsidiária. A responsabilidade da empresa contratante, na terceirização de serviços que poderiam ser executados com mão-de-obra própria, é questão, simplesmente, de justiça e, mais que isso, impede a exploração do trabalho humano, atendendo, portanto, ao elevado princípio, universal e constitucional, que é o da dignidade humana. A terceirização não permite que a contratante lave as mãos diante da angústia daqueles que trabalharam em prol dos seus interesses, ainda que através de outro empregador, que em regra ou desaparece ou não tem como satisfazer as obrigações trabalhistas. Escolher bem e fiscalizar a satisfação dessas obrigações das empresas contratadas não só é uma exigência ética, como também uma decorrência da abrangente função social da empresa (TRT 2.ª R – 3.ª T. – proc. 12561-2003-902-02-00-8 – acórdão 20030165380 – Rel. Juiz Eduardo de Azevedo Silva – publicação 29.4.2003 – acesso ao site http://www.trt2.gov.br).

Análise

1. O caso em análise é hoje extremamente comum em nossos tribunais trabalhistas: empresa de porte resolve terceirizar parte dos seus serviços, contratando então outra que lhe fornecerá a mão-de-obra. Ocorre que, em grande número de casos, a empresa de terceirização não consegue se manter viável por muito tempo, em virtude da grande concorrência e do conseqüente baixo preço cobrado pelos seus serviços. Quando já não há como permanecer na ativa, a empresa encerra suas atividades sem acertar os direitos de seus empregados.

2. A ementa do acórdão é bem clara: a empresa contratante na terceirização tem responsabilidade subsidiária. Isso se dá em virtude da má escolha da empresa fornecedora de mão-de-obra (culpa *in eligendo*) e da má fiscalização em relação ao cumprimento das obrigações por parte da contratada no decorrer do contrato (culpa *in vigilando*), conforme está disposto na última frase da ementa. Portanto, ao contratar uma empresa prestadora de serviços, muita cautela é exigida, pois a tomadora de serviços não está livre de futura responsabilização pelo não-cumprimento das obrigações trabalhistas por parte da primeira.

3. Além disso, há outro aspecto importante a ser considerado quando: o empregado da empresa de terceirização não pode prestar serviços na atividade-fim da empresa tomadora. Atividade-meio é aquela que não está relacionada à essência do empreendimento da empresa contratante. Numa empresa de sapatos, por exemplo, o serviço de telefonia é atividade-meio; fabricar sapatos é a atividade-fim. Jamais um empregado terceirizado poderia estar manufaturando sapatos. Encontramos a possibilidade de se terceirizar atividade-meio, serviços de conservação e limpeza e vigilância no inciso III do Súmula n.º 331.

4. Por fim, um breve comentário sobre a Administração Pública. Quando ela terceirizar alguma atividade, não se formará vínculo entre o trabalhador e ela, já que existe vedação constitucional (art. 37, II, CF – para admissão ao serviço público o critério adotado por nossa Constituição é o concurso público). No entanto, isso não significa que não haverá responsabilidade da Administração. De acordo com a Súmula n.º 331, IV, esta será responsável subsidiária, desde que tenha participado da relação processual e conste também do título executivo judicial.

5. No problema proposto, Diogo deveria ajuizar sua ação em face das duas empresas, e a empresa ABC teria responsabilidade subsidiária em razão das culpas *in eligendo* e *in vigilando*. Ver a Súmula n.º 331, IV.

5

CONTRATO DE TRABALHO POR TEMPO DETERMINADO

POR QUE ESTUDAR ESTE CAPÍTULO?
O tempo de duração do contrato é fator determinante. Se o contrato tiver prazo para terminar, algumas regras especiais deverão ser aplicadas. A regra, contudo, é o contrato sem prazo para terminar. Diferenciar um do outro é o objetivo deste capítulo. Sem esse conhecimento, a situação pode se tornar confusa e, em muitos casos, litigiosa. Daí a importância de se saber essas regras.

CONTRATO DE TRABALHO POR TEMPO DETERMINADO

Os contratos de trabalho podem ser pactuados por tempo determinado ou indeterminado. A regra geral no Direito do Trabalho brasileiro é o contrato indeterminado, ou seja, sem termo prefixado (em respeito ao princípio da continuidade – ver Capítulo 1). Dessa forma, o contrato a termo (ou por tempo determinado) é a exceção, já que não garante ao empregado uma relação de emprego duradoura e segura – o trabalhador é admitido já sabendo a data do término do contrato, quando estará, muitas vezes, sem emprego novamente.

As diferenças entre as duas formas não se resume ao ajuste prévio ou não do término do contrato. Em relação à rescisão contratual, há diferenças significativas: no caso de ruptura do contrato de prazo indeterminado por parte do empregador, serão devidas verbas rescisórias próprias (aviso prévio, a multa de 40% sobre o FGTS). No término do contrato de prazo determinado na data ajustada, tais verbas não são devidas, já que o empregado não foi surpreendido com a dispensa.

Tratando-se de uma exceção, os contratos de prazo determinado têm hipóteses restritas previstas em lei. Vejamos quais são:

- serviço cuja natureza ou transitoriedade justifique a predeterminação do prazo (art. 443, § 2.º, "a", da CLT); sua duração máxima é de dois anos, admitindo-se somente uma prorrogação, respeitado esse limite de dois anos (por exemplo, um ano mais um ano é admitido; dois anos mais dois, não);
- atividades empresariais transitórias (art. 443, § 2.º, "b", da CLT); aqui, vale a mesma regra do item anterior;
- contrato de experiência (art. 443, § 2.º, "c", da CLT); duração máxima de 90 dias, admitindo-se somente uma prorrogação dentro do limite de 90 dias;
- contratos de duração prefixada (leis especiais – exemplo: contratos de atleta profissional de futebol);
- contratos da Lei n.º 9.601/98, com prazo máximo de duração de dois anos; admite-se mais de uma prorrogação dentro de tal limite, diferentemente do que ocorre com os dois primeiros.

A SUSPENSÃO E A INTERRUPÇÃO DO CONTRATO DE TRABALHO

Muitos autores entendem que ocorre a suspensão do contrato de trabalho quando o empregado, além de não prestar serviços, não tem direito ao recebimento de salários. Seriam exemplos: auxílio-doença previdenciário, que ocorre a partir do 16.º dia; faltas não justificadas; licenças não remuneradas; suspensões disciplinares. Haveria a interrupção quando, embora não havendo a prestação de trabalho, houvesse o pagamento de salários. Seus exemplos seriam: faltas justificadas ao serviço; as férias; o afastamento por doença, durante os primeiros quinze dias. Embora tal distinção seja aceita por muitos doutrinadores, existem hipóteses que não se enquadram em qualquer das situações acima descritas. São elas: o afastamento para prestação de serviço militar obrigatório (onde não há pagamento de salário, mas conta-se o tempo de serviço); o auxílio-maternidade (no qual há pagamento de salários, com compensação posterior dos recolhimentos previdenciários pelo empregador e pagamento do FGTS) e o auxílio-doença acidentário (no qual há também o recolhimento do FGTS). Diante disso, concordamos com os autores que entendem que melhor seria a existência de uma só figura, a suspensão, em vez das duas previstas na CLT, já que não há validade científica nessa distinção.

No que diz respeito à suspensão e à interrupção nos contratos de prazo determinado, a posição majoritária é a de que seu termo final não se prorroga, ou seja, ainda que o empregado esteja afastado por causa suspensiva ou interruptiva, o contrato extingue-se na data prefixada.

CONTRATO DE EXPERIÊNCIA

Lúcia foi contratada como secretária pela empresa KLK Ltda., por um período de experiência a contar de 5 de março de 2003. Ao pactuar o término do contrato, a empresa simplesmente projetou aquela data em três meses, constando a data de 5 de junho. Nessa data, a empresa, dizendo ter terminado o contrato de prazo determinado, dispensou Lúcia, sem pagar-lhe as verbas rescisórias de uma dispensa sem justa causa. Agiu corretamente a empresa? Por quê?

CONTRATO DE TRABALHO POR TEMPO DETERMINADO

Teoria

Os contratos de prazo determinado, como visto anteriormente, são uma exceção. Portanto, suas possibilidades são restringidas pela lei e, em razão do princípio da continuidade, qualquer desrespeito ao disposto nas normas sobre o tema transformará o contrato de prazo determinado em um de prazo indeterminado. Algumas regras devem, então, ser lembradas:

- os prazos legais devem ser respeitados, nos limites fixados pela lei (por exemplo, o contrato de experiência deve ter um máximo de 90 dias);
- só pode ocorrer uma única prorrogação. Por exemplo, não pode um contrato de experiência ser pactuado por 30 dias, ser prorrogado por mais 30 e depois por mais 30. A dilação do termo final só pode ocorrer uma vez (exemplos: 30 dias + 30 ou 30 + 60). Vale lembrar que isso não se aplica ao contrato da Lei n.º 9.601/98, conforme já visto neste capítulo;
- se as partes, após o término de um contrato de prazo determinado, resolvem celebrar um novo, deverão respeitar o disposto no artigo 452 da CLT: *considera-se por prazo indeterminado todo contrato que suceder, dentro de 6 (seis) meses, a outro contrato por prazo determinado, salvo se a expiração deste dependeu da execução de serviços especializados ou da realização de certos acontecimentos.* Em outras palavras, não será possível fazer um novo contrato a termo com o mesmo empregado dentro do prazo de 6 (seis) meses do término daquele primeiro contrato;
- em caso de qualquer irregularidade no contrato de prazo determinado, este se tornará automaticamente por tempo indeterminado;
- se as partes desejarem colocar fim ao contrato antes do prazo fixado, dois artigos devem ser observados, dependendo do que foi ajustado: artigos 479 e 481;

- embora a CLT não exija a forma para tais contratos, por uma questão de prova de sua existência, o ideal é que seja feito por instrumento escrito. No contrato de experiência, a jurisprudência se posicionou pela necessidade de forma na sua pactuação;
- no contrato da Lei n.º 9.601/98, há diferenças fundamentais: só poderá haver contratação para acréscimo no número de empregados (art. 3.º); algumas vantagens são dadas ao empregador, de acordo com o artigo 2.º (redução do recolhimento do FGTS para 2% e de 50% em alguns encargos); deverá ser instituído por convenções ou acordos coletivos (art. 1.º); não há limite para sucessivas prorrogações dentro dos dois anos (art. 1.º, § 2.º e art. 3º do Decreto n.º 2.490/98).

Estudo do caso

EMENTA: *Garantia de emprego. Contrato de trabalho de prazo determinado. Contrato de experiência é modalidade de contrato a prazo determinado, em que os pactuantes, empregado e empregador, têm prévia ciência da data em que o contrato de trabalho estará encerrado. Por tal motivo, evidente a incompatibilidade com o instituto da garantia provisória de emprego, seja decorrente de gravidez, seja de acidente de trabalho (TRT 2.ª R. – proc. 01967200200702002 – Rel. Juiz Sérgio Pinto Martins – publicação: 29.11.2002 – acesso ao site http://www.trt2.gov.br).*

Análise

1. O acórdão levanta uma questão controversa: a garantia de emprego nos contratos a prazo. Garantias de emprego são os casos previstos em lei em que a dispensa sem justa causa do empregado é vedada, em decorrência de certas circunstâncias e condições. Como exemplo, podemos citar a chamada "estabilidade da gestante", na qual a empregada não pode ser dispensada sem justa causa desde a confirmação da gravidez até cinco meses após o parto. Outros exemplos são: o dirigente sindical, o membro de CIPA, o empregado que retorna de afastamento por acidente do trabalho, dentre outros. A dúvida, nesses casos, é a seguinte: se o empregado sabia de antemão quando o contrato teria seu término, caso ele adquira garantia no emprego (por exemplo, ficar grávida), quando findará esse pacto? Na data já combinada ou somente quando encerrar a condição da garantia de emprego?

2. De acordo com a jurisprudência acima, os casos de garantia de emprego (comumente chamados de estabilidade) não são compatíveis com os contratos a prazo, pois o empregado conhecia previamente o fato de que seu contrato terminaria. O empregador, nesses casos, não está impedindo que o empregado trabalhe, mas apenas cumprindo aquilo que havia sido ajustado de início, até porque, se o empregado foi contratado por um prazo certo, pressupõe-se que seu trabalho seria necessário durante aquele prazo, não podendo sofrer uma dilação que pode prejudicar a organização da empresa. Se pensarmos, então, no caso de uma atividade empresarial transitória, em que a própria empresa tem início e fim determinados (por exemplo, uma fábrica de chocolates criada somente para a Páscoa), não é razoável se pensar em estabilidade provisória de um empregado. Esse tem sido o melhor entendimento sobre o tema. No entanto, quando se trata de estabilidade acidentária, a doutrina e a jurisprudência se dividem.

3. Ao analisar o inteiro teor do acórdão, lê-se que *independentemente de o empregado se encontrar afastado por acidente de trabalho quando da data final do contrato de experiência, este não mais subsiste, pois já decorrido o prazo previamente pactuado. Entendimento em sentido contrário tornaria indeterminado o contrato de trabalho firmado, em total desacordo com a vontade das partes contratantes no ato da pactuação.* Conclui o relator em seu voto que *pouco importa a percepção do auxílio-doença por parte do autor e data da alta médica. Chegando o termo final do contrato de experiência, foi regularmente*

rescindido, nos exatos termos do previamente pactuado. Não há garantia provisória de emprego a ser reconhecida.

4. Conforme já estudado, não devem prevalecer as garantias de emprego, já que típicas dos contratos de prazo indeterminados. Entretanto, deve-se ressaltar que, em relação à estabilidade decorrente de acidente de trabalho, a jurisprudência e a doutrina se dividem. Na decisão em análise, o entendimento foi de que não existe a estabilidade no retorno do acidentado. Há o outro lado: o argumento dos defensores da existência dessa estabilidade se baseia no fato de que o empregado sofreu prejuízos na sua integridade física e psíquica no ambiente de trabalho, e tais danos fazem parte do ônus do empregador.

5. No problema, houve um erro de contagem: o contrato de experiência não foi feito por 90 dias, como determina a lei, mas por três meses, o que gerou um acréscimo de alguns dias. Conseqüentemente, o contrato deixou de ser de experiência e passou a ser de prazo indeterminado, já que ultrapassado o limite legal e em respeito ao princípio da continuidade.

6

ALTERAÇÕES DO CONTRATO DE TRABALHO

POR QUE ESTUDAR ESTE CAPÍTULO?

Um contrato talvez fosse mais simples se nele não houvesse nenhuma mudança. Mas nada na vida é estático, muito menos um pacto entre empregado e empregador. Se as alterações pudessem ser feitas livremente pelas partes, sem qualquer controle da lei, também tudo seria mais fácil. Mas não é o que ocorre. Como visto nos capítulos introdutórios, as normas trabalhistas visam proteger o empregado. Por isso, deve-se estudar com tanta atenção este capítulo, pois há uma série de regras protegendo o empregado em caso de alterações no contrato de trabalho, que veremos a seguir.

Uma vez formado o contrato de trabalho, muitas cláusulas serão estabelecidas. No entanto, na dinâmica das relações de emprego, haverá momentos em que as partes desejarão alterar aquilo que havia sido ajustado. Nesse contexto, as alterações contratuais poderão existir, desde que seja respeitado aquilo que dispõem os princípios e a legislação a respeito.

Regra geral, não podem ser feitas alterações lesivas ao empregado, somente favoráveis. É o princípio da inalterabilidade contratual lesiva. Dispõe a CLT o seguinte (art. 468, *caput*):

Art. 468. Nos contratos individuais de trabalho só é lícita a alteração das respectivas condições por mútuo consentimento, e, ainda assim, desde que não resultem, direta ou indiretamente, prejuízos ao empregado, sob pena de nulidade da cláusula infringente desta garantia.

Conclui-se que serão possíveis alterações, desde que sejam feitas por mútuo consentimento e delas não resultem prejuízos diretos ou indiretos ao empregado. Isso se justifica pelo fato de que o empregado, por ser o pólo mais fraco na relação de emprego, aceitaria condições piores para manter o emprego ou poderia ser induzido a erro. Logo, não basta o consentimento.

O rigor desse artigo não chega a extremos. Ao empregador é permitido fazer pequenas modificações no decorrer do contrato, em razão de seu poder de direção e organização do empreendimento, dentro do princípio da razoabilidade. É o que se conhece como *jus variandi*. Portanto, alterações quanto a métodos de gestão, busca de qualidade, aumento de produtividade poderão ser feitas, sempre tendo em vista o disposto no artigo 468. Além dessas, outras alterações podem ser permitidas pela legislação. Nesse caso, estamos diante de um *jus variandi* extraordinário (por exemplo, art. 468, parágrafo único da CLT, estudado a seguir).

CARGO DE CONFIANÇA

Gustavo exerceu cargo de confiança na empresa DX S/A por doze anos e meio, como diretor regional, recebendo uma gratificação de função. A empresa, sem maiores explicações, restabeleceu Gustavo em seu cargo efetivo anteriormente ocupado (engenheiro). Com essa mudança, ele deixou de receber a gratificação de função. Você é procurado por Gustavo para ajuizar uma ação trabalhista pleiteando a reposição da perda da gratificação. É viável tal pedido? Por quê?

Teoria

O empregador poderá, no decorrer do contrato de trabalho, promover empregados nos quais ele depositar confiança, conferindo-lhes maiores responsabilidades e prerrogativas. O empregado chamado a exercer cargo ou função de confiança terá vantagens, como, por exemplo, a gratificação de função (art. 62, II e parágrafo único, e art. 224, § 2.º da CLT). No entanto, a determinação do empregador para que o empregado retorne ao cargo efetivo, anteriormente ocupado, deixando o exercício de função de confiança, não caracteriza uma alteração unilateral, por expressa disposição da lei (art. 468, parágrafo único). Portanto, o empregado não tem direito adquirido a permanecer nessa função ou cargo, obviamente por depender da confiança que o empregador deposita no empregado. Essa reversão se insere no *jus variandi* do empregador.

Questão sempre discutida na jurisprudência diz respeito ao empregado que tenha exercido cargo de confiança por muitos anos, criando um padrão de vida compatível com seu nível de rendimentos. Seria possível ao empregador recolocá-lo no cargo efetivo, cortando a gratificação de função e diminuindo-lhe o padrão de vida? O Tribunal Superior do Trabalho, através da Orientação Jurisprudencial n.º 45 da Seção de Dissídios Individuais 1, cancelada em decorrência da sua conversão na Súmula n.º 372 (DJ 20.4.05), assim se posicionou sobre o tema: caso o cargo de confiança tenha sido exercido por dez ou mais anos, a gratificação de função deve ser mantida, em razão do princípio da estabilidade financeira.

Estudo do caso

AGRAVO DE INSTRUMENTO. RECURSO DE REVISTA. INCORPORAÇÃO DE GRATIFICAÇÃO DE FUNÇÃO PERCEBIDA POR MAIS DE 10 ANOS. OFENSA AOS ARTS. 450 e 468 DA CLT, ALÉM DO 5.º, II, DA CF/88. NÃO CONFIGURAÇÃO. DECISÃO EM CONSONÂNCIA COM OS ARTS. 457 E 468 DA CLT, ART. 7.º, VI, DA CF/88 E OJ. 45 DA SDI-I DO TST. Com efeito, regra geral, a reversão é autorizada pela lei, sendo que a percepção da gratificação fica condicionada ao exercício da função especial, não havendo que se falar em direito adquirido (art. 468, § 1.º, da CLT). Todavia, em casos específicos, quando o trabalhador percebe a gratificação por longo período, sendo destituído da função sem justificativa plausível, doutrina e jurisprudência tendem a considerar ilícita a supressão da gratificação, ante a instabilidade financeira ocasionada ao empregado, que, após contar com um determinado padrão salarial, vê seu rendimento cair bruscamente. Outrossim, tal entendimento está amparado nos En. 51 e 288 desta Corte assim como nos princípios de inalterabilidade contratual lesiva (art. 468, caput), e irredutibilidade de salário (art. 7.º, VI, da CF/88), além da regra do art. 457 da CLT, a qual prescreve que as gratificações habitualmente recebidas possuem natureza salarial. Então, na tentativa de mitigar os efeitos danosos da reversão, desenvolveram-se as diretrizes supra, culminando com a origem do entendimento esposado na OJ 45 da SDI-I. In casu, segundo sentença e acórdãos proferidos, incontroverso é o fato de que a autora permaneceu por mais de 16 anos consecutivos na função de confiança, sendo que não houve justo motivo para reversão ao cargo anterior. Dessa forma, considerando que o Regional apresentou decisão em consonância com o art. 457 e 468, caput, da CLT, art. 7.º, VI, da CF/88 e En. 51 e 288 do TST, além da OJ 45 da SDI-I, não se vislumbra ofensa a qualquer dispositivo legal. Agravo de Instrumento conhecido e desprovido (TST – AIRR 506/2003-112-03-40 – DJ 25.6.2004).

Análise

1. Conforme já estudado, a reversão do empregado em cargo de confiança ao cargo efetivo é autorizada pela lei (art. 468, parágrafo único, da CLT). No entanto, historicamente, a jurisprudência sempre buscou uma forma de equilibrar essa forma de alteração lesiva ao empregado com os ideais de proteção que inspiram o Direito do Trabalho. Dessa forma, chegou-se à conclusão de que o empregado que se acostumasse a certo padrão, estruturando sua vida sobre um patamar de rendimentos, não poderia subitamente ver retirada a sua gratificação de função, pois isto lhe traria transtornos e instabilidade.

2. A jurisprudência, através da Orientação Jurisprudencial n.º 45 (da SDI-1 do TST), convertida na Súmula n.º 372 (DJ 20.4.05), estabeleceu dois requisitos para que a gratificação se incorpore na remuneração do trabalhador: exercício de cargo de confiança por dez anos ou mais e afastamento sem justo motivo. A empresa defendeu-se alegando que, apesar da OJ n.º 45, houve desrespeito aos artigos 450 e 468 parágrafo único da CLT e artigo 5.º, inciso II, da Constituição Federal de 1988, já que se trata de uma Orientação Jurisprudencial (não lei) e ninguém é obrigado a fazer ou deixar de fazer alguma coisa senão em virtude de lei. Contudo, tanto a sentença quanto o acórdão de 2.ª Instância mantiveram o mesmo entendimento: se a empregada exerceu o cargo de confiança por dezesseis anos consecutivos e foi afastada sem justo motivo, em respeito à estabilidade financeira, não poderia ter sido suprimida a gratificação de função.

3. Vale ressaltar que a empregada poderia ser recolocada no cargo efetivo, uma vez que a empresa tem o poder de administrar o empreendimento da maneira que entender melhor, convocando os empregados que quiser para exercer cargos de confiança. Só não poderia perder a gratificação de função depois de dez anos ou mais recebendo-a, pelos motivos já vistos.

4. O problema de Gustavo se encaixa exatamente no caso concreto analisado. Gustavo exerceu cargo de confiança por mais de dez anos e foi afastado sem justo motivo. Assim, sua ação seria viável, baseando seu pedido na OJ n.º 45 da SDI-1 do TST, convertida na Súmula n.º 372 (DJ 20.4.05).

TRANSFERÊNCIA

Sílvia foi contratada para trabalhar em Curitiba pela loja de eletrodomésticos Jubarte-eletro Ltda. Devido à forte concorrência, o estabelecimento foi extinto naquela cidade. Sílvia, para não perder seu emprego de vendedora, aceitou ser transferida para Foz do Iguaçu, onde trabalhou com muita dedicação e afinco. Justamente por isso, Sílvia foi promovida a gerente regional da empresa, concentrando poderes e recebendo gratificação de função. Logo após, ela foi novamente transferida para Porto Alegre, já que somente ela poderia cuidar da instalação de um novo sistema organizacional. Com saudades da família e estressada com suas imensas responsabilidades, Sílvia pede demissão. Ela procura você, advogado trabalhista, para saber se as suas transferências foram corretas ou não. Dê o seu parecer.

Teoria

Transferência é a alteração do local em que o empregado presta serviços. A CLT trata da transferência em seus artigos 469 e 470. Da leitura desses artigos, extraímos algumas regras básicas. Vejamos:

1. A transferência, via de regra, é vedada (conforme art. 469, parte inicial, que dispõe: *Ao empregador é vedado transferir o empregado...*). Isso se deve ao fato de que a alteração do local de trabalho pode causar sérios transtornos na vida do empregado.

2. Outro ponto importante do artigo 469 está em sua parte final, que assim estabelece: *... não se considerando transferência a que não acarretar necessariamente a mudança do seu domicílio*. Se o empregado não tem de alterar seu local de moradia (domicílio deve ser entendido aqui como residência), não será transferência. Somente quando a mudança de residência se fizer necessária estaremos diante da transferência. Se os municípios fazem parte da mesma região metropolitana, não havendo necessidade de o empregado mudar para a outra cidade, não será transferência (Rio de Janeiro e Niterói, por exemplo).

3. A própria lei prevê exceções à proibição da transferência:
3.1. Anuência do empregado. Dispõe o artigo 469, *caput*, que ... *é vedado transferir o empregado, sem a sua anuência*. Em outras palavras, será permitida a transferência se o empregado concordar com ela. Essa aceitação do empregado é interpretada como sendo de seu efetivo interesse e vontade (por exemplo, se o empregado se casou com alguém de outra localidade e deseja ser transferido). Anuência, portanto, não deve ser entendida como uma simples aquiescência do empregado, sem motivo que demonstre a sua vontade. Empregador que apresentar a proposta de transferência, pedindo a assinatura de anuência do empregado, não terá agido conforme a lei.
3.2. Cargo de confiança. O empregado que exerce cargo de confiança também pode ser transferido (art. 469, § 1.º). Essa transferência situa-se no *jus variandi* do empregador, desde que haja necessidade de serviço (ver Súmula n.º 43 do TST).
3.3. Cláusula explícita ou implícita de transferência. Se o contrato de trabalho do empregado contiver cláusula explícita ou implícita de transferência (art. 469, § 1.º), ele poderá ser transferido, desde que haja necessidade de serviço (ver Súmula n.º 43 do TST).
3.4. Real necessidade de serviço. De acordo com o artigo 469, § 3.º da CLT, será lícita a transferência por necessidade de serviço, quando for provisória (ou, como dispõe a CLT, ... *enquanto durar essa situação*. Nesse

caso, será devido um adicional de 25% sobre o salário do empregado. Sobre as hipóteses de pagamento do adicional, existem muitas controvérsias. Alguns autores entendem não ser devido o adicional exceto na hipótese da necessidade de serviço prevista no artigo 469, § 3.º. Para outros, é devido o adicional quando a transferência for provisória. Sobre esse ponto, vejamos o que dispõe o Tribunal Superior do Trabalho:

Súmula n.º 43 do TST – *Presume-se abusiva a transferência de que trata o § 1.º do art. 469 da CLT, sem comprovação da necessidade de serviço.*

Orientação Jurisprudencial da SBDI-1 do TST n.º 113 – *O fato de o empregado exercer cargo de confiança ou a existência de previsão de transferência no contrato de trabalho não exclui o direito ao adicional. O pressuposto legal apto a legitimar a percepção do mencionado adicional é a transferência provisória.*

Estudo do caso

TRANSFERÊNCIA DE EMPREGADO. AUSÊNCIA DOS REQUISITOS LEGAIS. IMPOSSIBILIDADE. SENTENÇA QUE DEVE SER MANTIDA. *A regra geral é a da inamovibilidade do empregado em relação ao local em que presta serviço. Assim, não basta que conste expressamente do ajuste a possibilidade de transferência, mas sim que haja comprovação da real necessidade de serviço para que aquela não seja considerada abusiva* (TRT 12.ª R. – RO-V 7.100/96 – 3.ª T. – Rel. Juíza Lilia Leonor Abreu).

Análise

1. O acórdão em análise é didático em relação à transferência no Direito do Trabalho. Conforme consta da decisão, a regra geral é a da inamovibilidade do empregado. O ponto em discussão pode ser encontrado nas alegações da empresa-reclamada: sustenta não apenas que a transferência está prevista no contrato de trabalho, mas também que decorre de real necessidade de serviço, em virtude de profunda reestruturação organizacional da empresa. Portanto, a empresa estaria autorizada a transferir o empregado, com base nos parágrafos do artigo 469.

2. No inteiro teor do acórdão, encontram-se os argumentos que embasaram a decisão do Tribunal:

MÉRITO

Cinge-se a controvérsia na análise da legalidade do ato de transferência da autora, a partir de 5 de junho de 1996, de Florianópolis para Jaraguá do Sul, cujos efeitos foram obstados pela liminar deferida pela ilustre Juíza-Presidenta da Junta de origem (fl. 77), mantida pela sentença (fls. 354/359).

Objetiva a recorrente a reforma do julgado, sob o fundamento de que, além da transferência estar prevista em cláusula constante do contrato de trabalho celebrado entre as partes (fl. 97), decorre de real necessidade de serviço, em face da profunda reestruturação organizacional da empresa pela implantação do plano de realocação de pessoal e programa de apoio à demissão voluntária.

Sustenta, outrossim, que "foram extintas todas as Superintendências Regionais e as Gerências Operacionais de Habitação, Comercial, Saneamento, Recursos Humanos e Fundo de Garantia, bem como as Divisões Operacionais vinculadas a estas Gerências, unidades sediadas nas Capitais dos Estados, criando-se em seus lugares Escritórios de Negócios em cidades estratégicas de cada Estado, pulverizando, por conseqüência, as atividades antes desenvolvidas exclusivamente nas Capitais" – sic – (fl. 368).

Com efeito, por força do contrato de trabalho, de um lado, o empregado coloca à disposição do empregador sua força de trabalho, e, de outro, este se compromete ao pagamento de determinado salário. (...)

Sobre o tema relativo às alterações das condições de trabalho, Francisco Antonio de Oliveira ensina que "São inúmeros os preceitos, quer na Consolidação, quer nas leis esparsas e mesmo na Constituição que demonstram a preocupação do legislador de proteção do hipossuficiente. Por vezes essa preocupação, como se verifica no artigo 468, transforma o trabalhador em relativamente capaz ao preceituar que, ainda que aquiesça, se a mudança lhe for prejudicial, será de nenhum valor. A lei prevê, objetivamente, que toda modificação prejudicial estaria viciada com vício de nulidade" ("Direito do Trabalho em Sintonia com a Nova Constituição", RT, 1993, p. 246).

(...)

A inamovibilidade do empregado em relação ao local de trabalho resultante do contrato celebrado constitui a regra geral, sendo que não estão compreendidos nesta proibição os ocupantes de cargo de confiança e aqueles cujos contratos tenham como condição implícita ou explícita a transferência quando esta decorra de real necessidade de serviço (CLT, art. 469, parágrafo primeiro).

Aliás, dispõe o Enunciado n.º 43 do TST que presume-se abusiva a transferência de que trata o parágrafo primeiro do artigo 469, da CLT, sem comprovação da necessidade do serviço.

Tal requisito, porém, autorizador da transferência, não resultou demonstrado.

Por necessidade de serviço, conforme ensina Valentin Carrion, "entenda-se a impossibilidade de a empresa desenvolver a atividade a contento, sem o concurso do empregado que transfere. É o que a doutrina indica: não haver no local profissional habilitado (Sussekind, Comentários*); que o serviço não possa ser executado por outro empregado (Magano,* Lineamentos*); haverá que avaliar a diferença de dificuldades em utilizar o empregado que vai ser transferido e as dificuldades em que se encontra um novo; balança-se este fator e a importunação que causará ao empregado que se pretende transferir. Necessidade é superior à mera conveniência; não chega aos requisitos que fundamentam a força maior ou os prejuízos manifestos de outros institutos ("Comentários à Consolidação das Leis do Trabalho", Editora Saraiva, 1996, p. 334).*

(...)

A propósito, sobre a matéria, convém transcrever a lição de Heros de Campos Jardim, segundo a qual, na verdade, tão arraigada se acha a idéia de inamovibilidade do empregado em relação ao local de trabalho resultante do contrato, que, mesmo para aqueles que exerçam cargos de confiança ou que tragam, nas linhas do ajuste, a condição implícita ou explícita de transferência (bancários, inspetores de vendas, etc.), mister se faz a comprovação da neces-

sidade de serviço para que possa o empregador acionar o seu poder de direção e comando no exato aproveitamento do trabalho, de modo ainda a não ferir direitos de maior tomo social (artigo 469, parágrafo primeiro, da CLT)" (in "Curso de Direito do Trabalho, Estudos em Memória de Célio Goiatá", Coordenação de Alice Monteiro de Barros, tema sob o título "Alterações do Contrato Individual de Trabalho", Editora LTr, 1994, p. 359).

Ausente, portanto, a demonstração de real necessidade de serviço autorizadora da remoção, impõe-se a manutenção do julgado.

3. No problema proposto, Sílvia foi transferida em total conformidade com a lei. No primeiro caso, sua transferência ocorreu em virtude da extinção do estabelecimento e com sua concordância. Na segunda transferência, ela detinha cargo de confiança, além da necessidade de serviço, o que justifica a transferência, de acordo com a legislação a respeito.

7

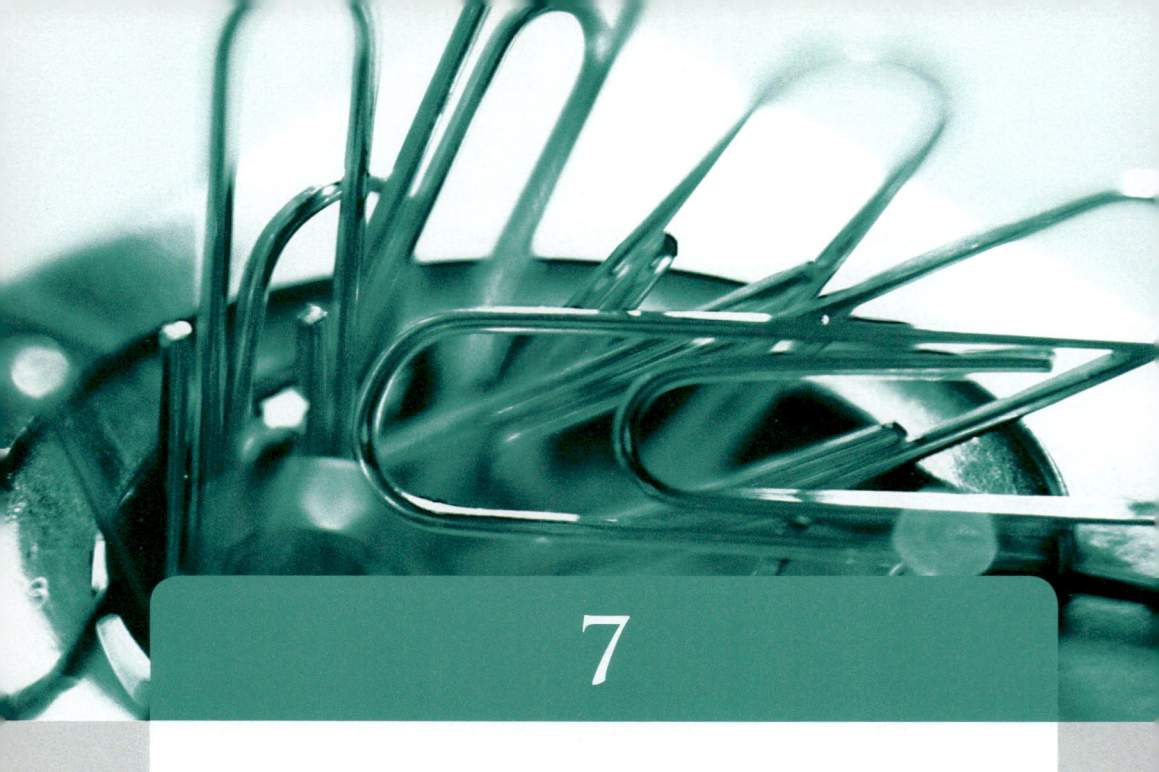

DURAÇÃO DO TRABALHO – JORNADA E DESCANSOS

POR QUE ESTUDAR ESTE CAPÍTULO?
Um empregado não pode trabalhar excessivamente, de forma que agrida sua integridade física e psíquica. Logo, no Direito do Trabalho, muita importância se dá às normas que protegem o empregado quanto ao tempo de duração de seu trabalho. A quantidade de ações pleiteando horas extras perante a Justiça do Trabalho demonstra o desconhecimento ou o desrespeito a essas normas em nossa sociedade. Compreender esse tema, seja para prevenção, seja para a atuação em litígios, é fundamental para o estudioso de Direito do Trabalho.

DURAÇÃO DO TRABALHO – JORNADA E DESCANSOS

As limitações da jornada diária de trabalho fundamentam-se na proteção aos aspectos biológicos, sociais e econômicos do empregado. Jornada de trabalho é o tempo em que o empregado se coloca à disposição do empregador (conforme o art. 4.º da CLT).

De modo geral, os empregados devem se submeter à jornada estabelecida na Constituição Federal, que estabelece como direito dos trabalhadores: *duração do trabalho normal não superior a oito horas diárias e quarenta e quatro semanais, facultada a compensação de horários e a redução de jornada, mediante acordo ou convenção coletiva de trabalho.* Não estão incluídos nessa jornada os domésticos e as categorias com jornadas especiais (bancários, médicos, dentre outras). Além disso, o artigo 62 da CLT dispõe que alguns tipos de empregado não são abrangidos pelas normas limitadoras de jornada (empregados que exercem atividade externa incompatível com a fixação de horário e os gerentes, diretores e chefes de departamento que exerçam cargos de gestão).

Quanto aos períodos de descanso, será assegurado a todo empregado um descanso semanal de 24 horas consecutivas, o qual, salvo motivo de conveniência pública ou necessidade imperiosa do serviço, deverá coincidir com o domingo, no todo ou em parte. A Lei n.º 605, de 5.1.1949, estabelece que todo empregado tem direito ao repouso semanal remunerado de 24 horas consecutivas, preferencialmente aos domingos.

Entre duas jornadas, deverá sempre haver um período mínimo de 11 horas consecutivas para descanso. É o chamado intervalo interjornada, previsto no artigo 66 da CLT.

Por fim, dispõe o artigo 71 da CLT sobre os intervalos intrajornada:

Em qualquer trabalho contínuo, cuja duração exceda de 6 (seis) horas, é obrigatória a concessão de um intervalo para repouso ou alimentação, o qual será, no mínimo, de 1 (uma) hora e, salvo acordo escrito ou contrato coletivo em contrário, não poderá exceder de 2 (duas) horas.

§ 1.º *Não excedendo de 6 (seis) horas o trabalho, será, entretanto, obrigatório um intervalo de 15 (quinze) minutos quando a duração ultrapassar 4 (quatro) horas.*

§ 2.º *Os intervalos de descanso não serão computados na duração do trabalho.*

O trabalhado extraordinário (a conhecida hora extra) é uma exceção e deveria ser evitado ao máximo. A prorrogação da jornada deverá ter um máximo de 2 (duas) horas diárias (art. 59 da CLT), com um acréscimo de 50% sobre a hora normal, salvo estipulação mais favorável ao empregado.

Trabalho noturno é aquele prestado das 22 horas de um dia até as 5 horas do dia seguinte. A hora noturna é reduzida, sendo de 52 minutos e 30 segundos (art. 73, § 1.º, da CLT). O adicional noturno do trabalhador urbano é de 20% sobre as horas diurnas; já o rural tem adicional de 25%.

COMO CALCULAR AS HORAS EXTRAS?

Na maior parte dos casos, a jornada de trabalho é de 8 horas diárias e/ou 44 semanais. Há, porém, outros ajustes em acordos individuais ou coletivos, como também determinação legal diferente da regra geral (exemplo: bancários – 180 horas mensais = 6 horas diárias). Antes da CF/88, a quantidade de horas mensais era de 240 mensais (48 horas semanais/6 dias = 8 horas/dia x 30 dias = 240 horas/mês). Após a CF/88, esse número passou a ser 220 horas mensais (44 horas semanais/6 dias = 7,33 horas/dia x 30 dias = 220 horas/mês). Esse número de 220 horas mensais é o divisor utilizado para que se encontre o valor do salário por hora. Imaginemos que José, comerciário, tenha um salário de R$ 560,00. O cálculo seria o seguinte:

- Salário mensal: R$ 560,00
- Salário hora normal: R$ 2,54 (R$ 560,00/220 = R$ 2,54)
- Adicional de hora extra (50%): R$ 1,27 (R$ 2,54 x 50% = R$ 1,27)
- Valor da hora extra: R$ 3,81 (R$ 2,54 + R$ 1,27 = R$ 3,81)

HORAS EXTRAS – ELASTECIMENTO DA JORNADA

Thales trabalhava na loja de materiais de construção Tijolo Feliz, com jornada contratual das 9 h até as 18 h, com 1 hora de intervalo para almoço. No entanto, era comum que prolongasse seu horário de trabalho além das 18 h. Contudo, registrava nos controles de horário (cartão de ponto) as horas determinadas no contrato, o que não lhe dava direito ao recebimento de horas extras. Ao ser dispensado sem justa causa, ajuizou reclamação trabalhista pleiteando horas extras. A empresa apresentou defesa anexando os cartões de ponto que registravam a jornada contratual (não real) de Thales. No decorrer da audiência na Justiça do Trabalho, as testemunhas tanto do reclamante como da reclamada disseram que Thales trabalhava além das 18 h. Como juiz, qual seria a sua decisão? Por quê?

Teoria

O prolongamento da jornada deverá ser remunerado com adicional de 50% ou o previsto em norma coletiva, se superior. O excesso de jornada, como estudado, é prejudicial ao trabalhador, contribuindo para seu cansaço físico e mental.

O artigo 59, *caput*, da CLT dispõe:

A duração normal do trabalho poderá ser acrescida de horas suplementares, em número não excedente de 2 (duas), mediante acordo escrito entre empregador e empregado, ou mediante contrato coletivo de trabalho.

As horas extras podem existir em razão de ato unilateral do empregador ou acordo entre empregado e empregador.

No primeiro caso, o empregador poderá determinar que o empregado faça jornada suplementar para conclusão de serviços inadiáveis ou cuja inexecução possa causar prejuízos à empresa ou por motivo de força maior (art. 61, CLT). Deve ser remunerada a hora extraordinária com o adicional de 50%.

Na segunda hipótese, empregado e empregador podem fazer um acordo para prorrogação de jornada, nos termos do artigo 59 da CLT. Caso o empregado trabalhe além das duas horas extras permitidas por lei, ele tem direito ao pagamento de todas as horas trabalhadas. A penalização da empresa se dará também através de multa administrativa.

Estudo do caso

HORAS EXTRAS. VALORAÇÃO DAS PROVAS
No sistema processual vigente não há qualquer tarifação legal que atribua valores às provas. Pelo contrário, a lei consagrou a independência do juiz na indagação da verdade e na apreciação das provas, apenas exigindo que o magistrado fique adstrito aos fatos deduzidos na ação, à prova desses fatos nos autos, às regras legais específicas e às máximas de experiência, e à indicação dos motivos que determinaram a formação de seu convencimento. Trata-se do princípio da persuasão racional ou livre convencimento motivado, insculpido no art. 131 do CPC. De forma que o Tribunal Regional tem a liberdade para, apreciando e valorando as provas produzidas, concluir pela invalidade das anotações nos controles de freqüência e reconhecer o elastecimento da jornada de trabalho sem a correspondente contraprestação pecuniária. Essa declaração judicial de invalidade dos cartões de ponto, ressalte-se, não se refere à sua forma ou finalidade como meio de controle de freqüência do empregado, mas, tão-somente, à sua eficácia probatória, não havendo que se falar, portanto, em ofensa ao art. 74, § 2.º, da CLT. Recurso de revista não conhecido, no particular (TST 5.ª T. – RR 700149/00 – DJ 5.9.2003).

Análise

1. O caso acima trata de uma questão sempre importante quando o litígio versa sobre horas extras: a prova do prolongamento (elastecimento) da jornada. Percebe-se, pela leitura do acórdão, que os cartões de ponto anexados aos autos pela empresa reclamada não foram suficientes para provar sua alegação de que o reclamante não teria feito horas extras. A prova testemunhal foi aquela que prevaleceu. Estamos diante de um exemplo da aplicação prática do princípio da primazia da realidade (visto no Capítulo 1): o juiz do trabalho não se prende exclusivamente aos documentos ou provas escritas. Na sua busca da verdade, ele tentará encontrar o que era a realidade do contrato de trabalho. Por isso, nesse caso, foi confirmada a decisão anterior do Tribunal Regional do Trabalho que entendeu que *a prova oral demonstrou que os horários registrados nos cartões de ponto não refletiam a realidade.*

2. Logo, no caso de Thales, embora a empresa tivesse anexado aos autos do processo cartões de ponto marcados pelo próprio reclamante, eles não correspondiam à realidade fática. O juiz deve basear-se na realidade, não na prova documental pura e simplesmente.

HORAS EXTRAS – INTERVALO INTRAJORNADA

O mesmo Thales (do problema anterior) passou por outro problema. Nos dias de muito movimento na loja, seu intervalo para almoço era prejudicado, uma vez que ele continuava realizando as vendas normalmente. Thales tem direito ao recebimento de horas extras decorrentes da não-concessão do intervalo para descanso e alimentação?

Estudo do caso

EMENTA: INTERVALO PARA ALIMENTAÇÃO E DESCANSO NÃO GOZADO – O intervalo para alimentação e descanso não concedido, ainda que não tenha havido elastecimento da jornada, deve ser remunerado como trabalho extraordinário, com o adicional de 50% (cinqüenta por cento). Inteligência do art. 71, § 4.º, da Consolidação das Leis do Trabalho (Súmula n.º 05/TRT/3.ª Região). (TRT 3ª R. – 2.ª T. – RO-O 0423-2002-043-03-00-1 – Rel. Juíza Ana Maria Amorim Rebouças – Publicação: 22.1.2003.

Análise

1. Nesta jurisprudência, encontra-se outro tipo de trabalho extraordinário. Não há, aqui, um prolongamento da jornada, mas a não-concessão de intervalo para descanso e alimentação por parte do empregador, o que acaba prejudicando o empregado da mesma forma. O intervalo intrajornada não concedido deve ser remunerado normalmente como hora extra (hora normal + 50% de adicional), mesmo que, no geral, não tenha sido ultrapassado o limite diário de oito horas de trabalho.

2. Logo, Thales terá direito ao pagamento das horas extras relativas ao período em que trabalha no horário de intervalo.

ACORDO DE COMPENSAÇÃO DE HORAS TRABALHADAS

> Júlio fez um acordo escrito com seu empregador para que ele trabalhe da seguinte forma: das 8 h às 12 h e das 13 h às 18 h de segunda a quinta-feira; às sextas-feiras, ele sairá às 17 h. Assim, atendendo ao seu interesse, ele não trabalhará aos sábados. Esse tipo de acordo é permitido, tendo em vista a jornada limite de 8 horas diárias?

Teoria

A compensação de horas trabalhadas ocorre da seguinte forma: um empregado que trabalha em excesso de horas em determinado dia pode diminuir sua jornada em outro dia. Trata-se de um ajuste que pode ser feito diretamente entre empregado e empregador, através de acordo escrito, conforme o disposto na Súmula n.º 85 do TST:

> **Súmula N.º 85 do TST**
>
> *Compensação de jornada (incorporadas as Orientações Jurisprudenciais n.os 182, 220 e 223 da SDI-1) – Res. 129/2005 – DJ 20.4.05.*

I. A compensação de jornada de trabalho deve ser ajustada por acordo individual escrito, acordo coletivo ou convenção coletiva. (ex-Súmula n.º 85 – primeira parte – Res. 121/2003, DJ 21.11.2003)

II. O acordo individual para compensação de horas é válido, salvo se houver norma coletiva em sentido contrário. (ex-OJ n.º 182 – Inserida em 8.11.2000)

III. O mero não-atendimento das exigências legais para a compensação de jornada, inclusive quando encetada mediante acordo tácito, não implica a repetição do pagamento das horas excedentes à jornada normal diária, se não dilatada a jornada máxima semanal, sendo devido apenas o respectivo adicional. (ex-Súmula n.º 85 – segunda parte – Res. 121/2003, DJ 21.11.2003)

IV. A prestação de horas extras habituais descaracteriza o acordo de compensação de jornada. Nesta hipótese, as horas que ultrapassarem a jornada semanal normal deverão ser pagas como horas extraordinárias e, quanto àquelas destinadas à compensação, deverá ser pago a mais apenas o adicional por trabalho extraordinário. (ex-OJ n.º 220 – Inserida em 20.6.2001)

No passado, muita discussão havia sobre o parâmetro de tempo máximo em que seria admitida a compensação: se somente dentro de uma semana, de um mês ou de um ano. Atualmente, não há mais essa discussão com a nova redação do artigo 59, § 2.º da CLT. De acordo com seu texto, poderá ser feita a compensação até o período máximo de um ano. É o chamado banco de horas. Vejamos o que dispõe o artigo:

Poderá ser dispensado o acréscimo de salário se, por força de acordo ou convenção coletiva de trabalho, o excesso de horas em um dia for compensado pela correspondente diminuição em outro dia, de maneira que não exceda, no período máximo de um ano, à soma das jornadas semanais de trabalho previstas, nem seja ultrapassado o limite máximo de dez horas diárias.

Regime de compensação muito utilizado por alguns setores é aquele em que o empregado trabalha 12 horas e tem folga nas 36 horas seguintes (o chamado 12x36). São válidos o acordo coletivo ou convenção coletiva que estabelecem tal sistema, não sendo horas extras aquelas que excederem às oito horas diárias.

Estudo do caso

EMENTA: O acordo de compensação pode ser acordado individualmente, de acordo com a Orientação Jurisprudencial n.º 182 da SDI/TST – e deve ser escrito, nos termos do art. 59 "caput" da CLT. Por escrito, subentende-se a especificação e declinação dos horários ou dias, objeto da compensação, e não apenas termos genéricos assinados por ambas as partes. Acordo de compensação que se considera inválido (TRT 2.ª R. – proc. 2000060482 2 – 9.ª T. – ORIGEM: 2.ª Vara do Trabalho/ CUBATÃO – Disponível em: <http://www.trt2.gov.br>).

Análise

1. Neste caso, a disputa centrou-se sobre a validade ou não do acordo de compensação. Essa discussão já foi longamente realizada na doutrina e na jurisprudência. O acordo tácito seria válido? Ou deveria ser escrito? Ou, por fim, só pode ser feito através de negociação coletiva (ou seja, com a participação do sindicato dos empregados)?

2. Três correntes surgiram sobre o tema. A minoritária é a de que o acordo de compensação poderia ser estipulado tacitamente. Por ser excessivamente informal, ela é a minoritária. A segunda corrente, tendo como base a Constituição Federal (art. 7.º, XIII), defende que só pode haver acordo de compensação pela via da negociação coletiva. No entanto, a tese que acabou prevalecendo foi a que defende que esse acordo pode ser feito individualmente, mas por escrito, desde que dentro da mesma semana. Ela não cede à excessiva informalidade da primeira e atende aos anseios de muitos empregados que preferem o regime de compensação (e seu interesse pessoal não necessita de chancela sindical). Ela está consagrada na Súmula n.º 85 do TST (ver item "Teoria").

3. O acórdão em estudo explica o que deve ser entendido por acordo escrito. Neste caso, empregado e empregador haviam firmado contrato de trabalho no qual, num de seus termos, havia a pactuação de uma possível compensação, sem, contudo, detalhar como seria essa compensação (dias, horas, etc.). O Tribunal Regional do Trabalho da 2.ª Região acabou invalidando o acordo, condenando a empresa a pagar as horas como se fossem extras e não compensadas. Percebe-se o rigor com que é tratado o tema, tendo em vista o princípio da proteção ao empregado. Por isso, empregadores devem ter muita cautela ao celebrar um acordo de compensação, evitando-se riscos de futuros processos.

4. No problema, Júlio realizou um acordo escrito de compensação, dentro dos limites da lei. Logo, seu prolongamento de jornada não gera pagamento de horas extras, já que ele faz a compensação em outro dia.

FÉRIAS – DESCANSO ANUAL REMUNERADO

Joana, tendo trabalhado mais de doze meses na empresa JJ Ltda., resolve tirar férias para poder viajar para uma festa de carnaval fora de época no Nordeste. Contudo, seu empregador não lhe dá autorização, argumentando que sua presença na empresa, naquele mês do ano, era imprescindível. Joana, então, viajou mesmo sem autorização, alegando que "depois de doze meses, eu tenho direito às férias". Quem está correto(a): o empregador ou Joana? Por quê?

Teoria

Já vimos alguns tipos de descansos: para repouso e alimentação, o repouso semanal remunerado e o intervalo interjornada. Agora, o estudo será completado com as férias, que nada mais são do que o descanso anual remunerado. Tamanha é a sua importância que até a

Declaração Universal dos Direitos do Homem, no item XXIV, declara que toda pessoa tem direito a férias periódicas remuneradas. As férias são, pois, uma conquista da classe trabalhadora. A CLT trata detalhadamente desse tema.

Para melhor análise, dividiremos seu estudo em dois períodos: aquisitivo e concessivo. Por fim, o pagamento das férias será analisado.

Período aquisitivo

O período básico para adquirir o direito às férias é de 12 (doze) meses, ou seja, o empregado deve trabalhar um ano para ter direito às férias (art. 130, CLT). Para ter direito às férias integrais, o empregado não pode faltar ao serviço. As faltas legais, que não são computadas para diminuir as férias, estão elencadas no artigo 131 da CLT. Em resumo, são elas:

- faltas por doença ou acidente do trabalho, inferiores a 6 meses;
- acontecimentos excepcionais do artigo 473 da CLT: falecimento, casamento, etc.;
- faltas justificadas sem desconto;
- salário-maternidade;
- suspensão para inquérito administrativo ou prisão preventiva, quando impronunciado ou absolvido;
- tempo anterior ao serviço militar.

As causas que inviabilizam a aquisição de férias são (conforme art. 133 da CLT):

- deixar o emprego e não ser readmitido dentro de 60 dias subseqüentes à saída;
- permanecer em gozo de licença, com percepção de salário, por mais de 30 dias;
- deixar de trabalhar, com percepção de salário, por mais de 30 dias, em virtude de paralisação parcial ou total de atividades da empresa;

- ter recebido da Previdência Social prestações de acidente de trabalho ou de auxílio-doença por mais de 6 (seis) meses, embora descontínuos.

Período concessivo

Adquirindo o direito às férias com doze meses de trabalho, os doze meses seguintes constituirão o período concessivo. O empregado, portanto, deverá gozá-las, de preferência, num único período contínuo dentro do período concessivo – período este a ser escolhido pelo empregador (é um ato do comando da atividade empresária). Durante as férias, o empregado não pode trabalhar para outro (salvo no caso de empregados que mantêm vários contratos de trabalho regulares).

As férias são de trinta dias corridos, quando o empregado não tiver mais de 5 (cinco) faltas. Para os empregados faltosos, há uma proporção:

- até 5 faltas – 30 dias corridos;
- de 6 a 14 faltas – 24 dias corridos;
- de 15 a 23 faltas – 18 dias corridos;
- de 24 a 32 faltas – 12 dias corridos.

Mais de 32 faltas injustificadas retiram do empregado o direito às férias. Não há compensação de dias de falta com dias de férias (art. 130, § 1.º, CLT).

As férias são concedidas, regra geral, em um só período (art. 134, CLT). Excepcionalmente, autoriza a CLT a concessão em dois períodos, sendo que um deles deve ter, no mínimo, dez dias.

É possível a coincidência de férias com interesses do empregado nos seguintes casos:

- estudante, menor de 18 anos, com férias escolares;
- membros da mesma família, no mesmo emprego.

Pagamento das férias

O pagamento das férias corresponde ao mesmo salário do serviço efetivo e deve ser integralmente quitado 2 (dois) dias antes do início do período de gozo.

O empregado tem o direito de converter 1/3 (um terço) do período de férias em dinheiro (é o chamado abono de férias). O direito é do empregado, mas ele deve exercê-lo requerendo-o 15 dias antes do término do período aquisitivo. As férias anuais remuneradas têm acréscimo de 1/3 sobre o salário normal.

No caso de cessação do contrato de trabalho, há pagamento do valor das férias, de acordo com os seguintes critérios:

- as férias vencidas são pagas em qualquer hipótese (até mesmo na justa causa), por serem um direito adquirido do empregado;
- as férias proporcionais são pagas no caso de dispensa por ato do empregador sem justa causa; são calculadas à base do percentual de 1/12 por mês componente do contrato (a fração acima de 14 dias é computada como um mês). Atualmente, apesar de divergências inicialmente existentes, de acordo com a Convenção n.º 132 da OIT, mesmo na dispensa por justa causa, o trabalhador tem direito às férias proporcionais;
- as férias proporcionais, em caso de pedido de demissão do empregado, são devidas. Há controvérsia sobre se o empregado com menos de doze meses de trabalho faz jus ao recebimento das férias proporcionais. Atualmente, de acordo com a Convenção n.º 132 da OIT, entende-se que são devidas as férias proporcionais com 1/3 em qualquer pedido de demissão (mesmo quando o empregado tem menos de doze meses de trabalho);
- as férias proporcionais são devidas nos contratos de prazo determinado.

Importante ressaltar que as férias não gozadas na época própria serão pagas em dobro, conforme o disposto no artigo 137 da CLT.

As férias coletivas só podem ser concedidas em caráter excepcional, com comunicação antecipada de quinze dias ao Ministério do Trabalho (art. 139, CLT).

Estudo do caso

FÉRIAS – GOZO SEM AUTORIZAÇÃO DO EMPREGADOR – FALTA GRAVE. O empregado que se ausenta em gozo de férias sem autorização do empregador, não apenas viola o poder diretivo deste, como incide em falta grave de desídia, ensejando a ruptura do vínculo sem ônus para o empregador (TRT 2.ª R. – RO 02.970.326.137 – 10.ª T. – Ac. 02980391632 – Rel. Juíza Maria Inês Santos Alves da Cunha – DOE 7.8.98 – p. 104).

Análise

1. O período de gozo de férias não pode ser determinado pelo empregado. A CLT é clara nesse aspecto, no artigo 136, que dispõe que *a época da concessão das férias será a que melhor consulte os interesses do empregador*. O desenvolvimento da atividade empresarial, da produção, não pode ser prejudicado pelas férias dos empregados. Caso os empregados pudessem escolher seu período de férias, poderíamos chegar ao absurdo de vários (ou todos) os empregados tirarem férias ao mesmo tempo.

2. E se o empregador não concede as férias dentro dos doze meses do período concessivo? A resposta encontra-se no artigo 137, que assim estabelece:

Art. 137. Sempre que as férias forem concedidas após o prazo de que trata o artigo 134, o empregador pagará em dobro a respectiva remuneração.

§ 1.º Vencido o mencionado prazo sem que o empregador tenha concedido as férias, o empregado poderá ajuizar reclamação pedindo a fixação, por sentença, da época de gozo das mesmas. (...)

A jurisprudência é clara sobre o tema:
FÉRIAS DOBRADAS
As férias do empregado se justificam por motivos biológicos (descanso e recuperação de forças) e sociais (lazer). É, por sua vez, obrigação do empregador não só remunerar o período de férias com o 1/3, mas ainda conceder o efetivo gozo ao empregado, sob pena da paga dobrada — Artigo 137 da CLT. De outro lado, negar o gozo e indenizar as férias de forma simples constitui não só uma ilegalidade, mas também infringe a própria natureza jurídica deste instituto (TRT 8.ª R. — RO 5.335/97 — 1.ª T. — Rel. Juiz José Augusto Figueiredo Affonso — J. 10.3.98).

Conclui-se que o empregado não pode gozar férias por sua conta, sem a autorização do empregador. Ainda que vencidas as férias (ou seja, passados os doze meses do período concessivo), o empregador deverá ajuizar reclamação. A fixação da época de gozo das férias se dará por sentença. Ainda que o empregado queira abrir mão de suas férias, isso não poderá ocorrer.

O INSTITUTO DAS FÉRIAS É DE CARÁTER PÚBLICO SUBJETIVO, NÃO PODENDO SER OBJETO DE RENÚNCIA NEM DE TRANSAÇÃO. Logo, a sua não-concessão no prazo legal converte a obrigação de conceder em obrigação de indenizar (TRT 12.ªR. — RO-V 7275/93 — Ac. 3.ª T. 5478/95 — Rel. Juíza Ione Ramos — DJ 8.8.95 — v.u).

3. No caso em análise, alguns fatos merecem destaque. Vejamos o voto da Juíza Relatora:

Sustenta a reclamada que o reclamante foi dispensado por justa causa, tendo em vista abandono do emprego, e, quando mais não fosse, sua atitude caracterizaria desídia ensejadora da ruptura do vínculo. Assim, é que o reclamante solicitou suas férias regulamentares, o que foi indeferido por seu superior hierárquico, fato este incontroverso, vez que admitido pelo reclamante na inicial. Não obstante, como pretendesse o reclamante viajar ao exterior, a despeito da negativa, ausentou-se no período a partir de 3.3.95, o que levou a reclamada a solicitar seu comparecimento, por via do telegrama, aos 4.4.95, vez que ausente do trabalho por mais de trinta dias. A documentação juntada pela reclamada noticia que foi enviada correspondência ao reclamante, que não obstante foi devolvida, visto o reclamante não mais residir no local. Ainda assim, a reclamada reiterou sua comunicação somente logrando entrar em contato com o reclamante aos 24.4.95 (fl. 90), quando lhe comunicou o despedimento por justa causa.

Nota-se que a reclamada teve o cuidado de solicitar o comparecimento do empregado. O mesmo, sem qualquer autorização e pretendendo viajar ao exterior, simplesmente "concedeu a si mesmo as férias", em total desrespeito ao bom andamento do trabalho e às leis trabalhistas.

4. No problema proposto, Joana agiu de forma errada, desrespeitando a legislação trabalhista. A concessão de férias é ato do empregador, tendo em vista o bom andamento da produção e das atividades da empresa. O empregado que resolve gozar férias por sua conta poderá ser dispensado por justa causa.

8

REMUNERAÇÃO E SALÁRIO

POR QUE ESTUDAR ESTE CAPÍTULO?

O salário do empregado recebe cuidadosa proteção do Direito do Trabalho, já que é dele que o empregado retira seu sustento, seu meio de se realizar e sobreviver. Tentativas de pagamento "por fora" (sem incidência dos encargos trabalhistas), parcelas pagas sob denominação incorreta (com o mesmo intuito de fugir de contribuições previdenciárias, recolhimento de FGTS e incorporação ao salário) são condenadas pela legislação trabalhista e, muitas vezes, acabam gerando um alto passivo trabalhista para o empregador (que pensa estar agindo espertamente). Ao estudar este capítulo, o leitor verá o que dizem as leis e os tribunais sobre esse importante tema.

No estudo dos elementos componentes da relação de emprego, foi visto que a onerosidade é um deles.

Salário é o conjunto de parcelas pagas ao empregado pelo empregador como contraprestação em função do contrato de trabalho. O conceito de remuneração abrangeria as gorjetas recebidas pelo empregado. É o que se percebe da leitura do artigo 457 da CLT:

Art. 457. Compreendem-se na remuneração do empregado, para todos os efeitos legais, além do salário devido e pago diretamente pelo empregador, como contraprestação do serviço, as gorjetas que receber.

As gorjetas, por sua vez, não são pagas pelo empregador, mas por terceiros, seja a importância paga espontaneamente pelo cliente ao empregado, seja aquela cobrada pela empresa na nota de despesas.

O salário deve ter uma base de cálculo, podendo servir como tal o tempo, a produção e a tarefa.

O salário deve ser pago em dinheiro. No entanto, o artigo 458 da CLT prevê o chamado salário *in natura*, pago em bens econômicos. Pelo menos 30% do salário do empregado deverá ser pago em dinheiro (art. 82, CLT).

As principais regras de proteção ao salário são:
- o salário é irredutível (art. 7.º, VI, da CF/88), salvo acordo ou convenção coletiva;
- é inalterável. Aqui, vale também a regra do artigo 468 da CLT;
- é intangível. A CLT veda o desconto nos salários do empregado, salvo aqueles resultantes de adiantamentos, decorrentes de lei ou de contrato coletivo ou no caso de dano causado pelo empregado com dolo ou, se com culpa, desde que haja prévio acordo (art. 462, CLT);
- é impenhorável, salvo no caso de pensão alimentícia (art. 649, IV, CPC).

Compõem o salário, além da quantia fixa estipulada, as comissões, percentagens, gratificações, diárias para viagens e abonos pagos pelo empregador (art. 457, § 1.º, CLT).

DIÁRIAS PARA VIAGEM E AJUDAS DE CUSTO

Maurício trabalha para a empresa G. Ltda. Sempre recebeu seu salário corretamente, no valor de R$ 500,00. Seu empregador, sr. Túlio Sperta Alhão, descobriu que as diárias para viagem não têm natureza salarial, quando não passam de 50% do salário do trabalhador. Com o intuito de escapar dos encargos trabalhistas, propôs a Maurício o seguinte: continuaria a pagar os R$ 500,00, mas R$ 350,00 de salário e R$ 150,00 de diárias. Maurício raramente viaja, porém, para ele, não faz diferença, já que vai receber o mesmo valor todo mês. Essa combinação entre Maurício e Túlio é legal? Justifique.

Teoria

Originariamente, diárias para viagem e ajudas de custo não são parcelas de natureza salarial, mas indenizatória (com a finalidade de ressarcir as despesas do empregado).

A CLT criou um critério objetivo para a identificação da natureza jurídica das diárias, estabelecendo em seu artigo 457, § 2.º:

Não se incluem nos salários as ajudas de custo, assim como as diárias para viagem que não excedam de 50% (cinquenta por cento) do salário percebido pelo empregado.

Embora a lei tenha previsto esse critério, ele não pode ser considerado em termos absolutos. Muitas vezes, as diárias e ajudas de custo podem ser utilizadas para simular pagamento de parcela salarial. Caso as diárias sejam fraudulentas, integrarão o salário por seu valor total e não somente pelo que exceder de 50% (ver Súmula n.º 101 do TST).

REMUNERAÇÃO E SALÁRIO

Estudo do caso

EMENTA: DIÁRIAS PARA VIAGEM – INTELIGÊNCIA DO ART. 457, PARÁGRAFO 2.º, DA CLT – Quando não integram a remuneração. As diárias próprias, vale dizer, aquelas destinadas exatamente à cobertura das despesas efetuadas, não têm caráter salarial, sendo puro e simples reembolso de gastos comprovados. Não integram, pois, a remuneração do empregado, mesmo que excedentes de 50% do salário, estando, até mesmo, isentas de tributação. Recurso desprovido (TRT 2.ª R. – 2.ª T. – proc. 02940378341/94 – Rel. Juíza Maria Aparecida Pellegrina – publicação: 17.1.1996 – acesso a http://www.trt2.gov.br).

Análise

1. Para um perfeito entendimento do significado das diárias na remuneração de um empregado, elas devem ser classificadas em próprias e impróprias. As próprias são aquelas "destinadas exatamente à cobertura das despesas efetuadas" pelo empregado. As impróprias seriam aquelas que não correspondem à realidade, ou seja, aos efetivos gastos do empregado.

2. As disputas judiciais sobre esse tema surgem em razão das fraudes. Pode ocorrer de um empregador pagar diárias ao empregado sem que estas sejam para realmente cobrir os gastos do empregado. Nesse caso, o empregador, muitas vezes, pretende escapar dos encargos trabalhistas que incidem sobre o salário.

3. Se a diária é destinada a ressarcir despesas do empregado, havendo prestação de contas, será própria. Nesse caso, não será salário, ainda que ultrapasse 50% do salário. É o que foi decidido no acórdão acima. Como se percebe, o critério da lei pode ser inadequado. Deve-se buscar a real natureza do pagamento feito ao empregado. Se for um efetivo reembolso, terá natureza indenizatória. Se não (por exemplo, nem mesmo houve viagens), terá natureza salarial.

4. Claro está que a combinação entre Maurício e Túlio é fraudulenta. O pagamento de diárias não está sendo feito em razão de gastos efetuados por Maurício em viagens, mas com o intuito de Túlio (empregador) escapar de suas obrigações trabalhistas.

SALÁRIO *IN NATURA*

> Gilberto foi contratado como zelador pelo condomínio do Edifício Mar Azulzinho na cidade de Cabo Frio, litoral do Rio de Janeiro. Ele reside no próprio local de trabalho, já que tem de cuidar do prédio durante todo o ano, sendo grande sua responsabilidade (a maioria dos proprietários de apartamentos no Mar Azulzinho é de outras cidades, como Belo Horizonte, Rio de Janeiro e Juiz de Fora). Certo dia, conversando com seu colega zelador do prédio vizinho, ficou sabendo que a moradia, a energia e outras utilidades que ganha seriam também seu salário. Logo, este não seria somente a quantia em dinheiro que ganha todo mês. Foi conversar com o síndico sobre o assunto. Este, com medo de reclamações trabalhistas, resolveu consultar você, advogado, para saber se a moradia e as outras utilidades eram parte do salário de Gilberto. Dê o seu parecer sobre o tema.

Teoria

Salário *in natura* é o salário pago em utilidades ao empregado. Para que um bem ou utilidade seja considerado salário *in natura*, algumas características devem estar presentes:
- o fornecimento deve ser habitual;
- deve se destinar a satisfazer um interesse do empregado de modo que, se não fosse fornecido pelo empregador, o empregado teria de utilizar recursos próprios;

- a utilidade é fornecida pelo trabalho (contraprestação). Se for fornecida para o trabalho, não será salário, mas meio de execução do serviço.

Por fim, os valores atribuídos às utilidades devem ser justos e razoáveis.

Estudo do caso

EMENTA: ZELADOR – MORADIA. Não constituindo vantagem pessoal, a moradia fornecida ao zelador corresponde a mero instrumento viabilizador de maior eficiência no desempenho das tarefas, facilitando-lhe a solução mais urgente dos habituais problemas que surgem num prédio residencial ou comercial, não correspondendo a salário utilidade (TRT 3.ª R. – 3.ª T. – RO 3735/01 – Rel. Juiz José Miguel de Campos – DJMG 22.5.2001 – p. 15).

Análise

1. Quando uma utilidade será considerada salário *in natura*? Em muitos casos, essa é uma questão de difícil solução. Como visto, uma boa maneira de tentar responder a essa pergunta é fazendo outra: essa utilidade foi fornecida *para* ou *pelo* trabalho? No primeiro caso (para o trabalho), não se trata de salário, já que não é uma contraprestação, mas mero meio de execução do serviço. No segundo caso (pelo trabalho), nota-se a característica da contraprestação – a utilidade foi fornecida em troca do trabalho prestado.

2. A importância desse tema está no peso dos encargos e da proteção sobre o salário. Se a utilidade tiver natureza salarial, haverá a incidência do FGTS e contribuição previdenciária, além dos princípios de proteção ao salário (como o da irredutibilidade, por exemplo).

3. O que ocorre é que o empregador, então, tem receio de fornecer utilidades, criando um espírito de mesquinharia na relação entre empregado e empregador. Ao nosso ver, o ideal seria que a utilidade não fosse considerada salário, estimulando-se o empregador a fornecê-la e beneficiando o empregado.

4. O caso do zelador é interessante: ele precisa da habitação para prestar o serviço? Ou ela é fornecida como uma vantagem pelo trabalho prestado? A jurisprudência, majoritariamente, assume a posição do acórdão em análise: a moradia é instrumento que viabiliza o melhor desempenho das tarefas. Não é, portanto, salário-utilidade.

5. O artigo 458 da CLT trata do salário *in natura*. Dispõe este artigo:

Art. 458. Além do pagamento em dinheiro, compreendem-se no salário, para todos os efeitos legais, a alimentação, habitação, vestuário ou outras prestações in natura *que a empresa, por força do contrato ou do costume, fornecer habitualmente ao empregado. Em caso algum será permitido o pagamento com bebidas alcoólicas ou drogas nocivas.*

Importante ressaltar o § 2.º do artigo 458. Nele, constam algumas utilidades que **não são consideradas salário** *in natura*. São elas:

- vestuários, equipamentos e outros acessórios fornecidos aos empregados e utilizados no local de trabalho para a prestação do serviço;
- educação, em estabelecimento de ensino próprio ou de terceiros, compreendendo os valores relativos à matrícula, mensalidade, anuidade, livros e material didático;
- transporte destinado ao deslocamento para o trabalho e retorno, em percurso servido ou não por transporte público;
- assistência médica, hospitalar e odontológica, prestada diretamente ou mediante seguro-saúde;
- seguros de vida e de acidentes pessoais;
- previdência privada.

6. De acordo com o melhor entendimento, as utilidades fornecidas a Gilberto não serão consideradas salário *in natura*, mas instrumento de trabalho.

DESCONTOS

Aline trabalha para a empresa de consultoria GoodMoney S/A, sediada em São Paulo. Ao ser admitida na empresa, no seu contrato ficou estabelecido que, em caso de danos a equipamentos, ela sofreria os descontos devidos. No mês passado, enquanto Aline atendia um cliente, teve de se levantar rapidamente para pegar um documento. De costas para o computador, não viu quando o cliente, ao puxar a sua pasta, derrubou o computador, danificando-o. Seu chefe determinou o desconto do valor do dano no salário de Aline, com base no contrato de trabalho. Ela, por sua vez, ficou chateada, pois nada fez de errado, somente tendo dado as costas ao computador, por um breve momento. Pergunta-se: foi correto o desconto no salário de Aline?

Teoria

O salário é intangível. Logo, não pode sofrer descontos, salvo aqueles previstos no artigo 462 da CLT, que são os seguintes: descontos resultantes de adiantamentos e os decorrentes da lei ou de contrato coletivo. Assim, quando houver obrigação legal de descontar, o empregador deverá fazê-lo (alguns exemplos: descontos fiscais e previdenciários). Os descontos referentes à pensão alimentícia também são lícitos, por força de sentença judicial.

Em relação a **danos causados pelo empregado**, a CLT trata do assunto no artigo 462, § 2.º, da seguinte forma: em caso de dolo do empregado, o desconto poderá ser efetuado. Em caso de culpa ao causar um dano ao empregador, o desconto só será possível se houver prévio acordo prevendo essa possibilidade.

Estudo do caso

EMENTA: *DESCONTOS SALARIAIS – SEGURO DE VIDA – LEGALIDADE. Nos termos do Enunciado n.º 342 do C. TST, aplicável na espécie, "Descontos salariais efetuados pelo empregador, com a autorização prévia e por escrito do empregado, para ser integrado em planos de assistência odontológica, médico-hospitalar, de seguro, de previdência privada, ou de entidade cooperativa, cultural ou recreativa associativa dos seus trabalhadores, em seu benefício e dos seus dependentes, não afrontam o disposto pelo art. 462 da CLT, salvo se ficar demonstrada a existência de coação ou de outro defeito que vicie o ato jurídico". Recurso Ordinário não provido (TRT 2.ª R. – 7.ª T. – proc. 2703-2001-071-02-00-8 – Rel. Juíza Anelia Li Chum – publicação: 12.3.2004 – acesso a http://www.trt2.gov.br).*

Análise

1. A ementa do acórdão acima traz um avanço da jurisprudência em relação ao assunto em análise. Como visto, o artigo 462 da CLT estabelece as situações em que os descontos no salário do empregado são possíveis. No entanto, esse dispositivo legal era amplo e deixava margem para dúvidas, principalmente em relação àqueles benefícios em prol do empregado: planos de saúde, seguros, previdência privada, etc.

2. Em razão disso, antes da pacificação da jurisprudência, ficava a indagação: são possíveis os descontos para tais fins, quando o próprio empregado concorda? O bom senso prevaleceu. Parece não haver mais questionamentos sobre esse tema após a Súmula do TST n.º 342. Se o desconto tem autorização prévia e por escrito do empregado, ele poderá ser efetuado, desde que seja para aqueles fins. O objetivo do TST fica claro: não há motivo para considerar indevido um desconto autorizado pelo empregado e que acaba por se reverter num benefício em seu favor e de sua família.

3. Na decisão em estudo, tratava-se de descontos para pagamento de parcelas de seguro de vida. O empregado pretendeu provar a ilicitude de tais descontos, o que não conseguiu. Logo, o TRT da 2.ª Região acompanhou a jurisprudência já pacífica e entendeu ter sido lícito o desconto.

4. O problema de Aline é interessante. O fato de ter dado as costas ao computador é ato culposo que permite o desconto previsto no artigo 462, § 2.º? Este caso teve inspiração num julgado interessante do TRT da 3.ª Região. Vejamos:

Processo: RO – 5664/00 – Data de Publicação: 13.9.2000 – 2.ª T. – Juiz Relator: Juiz José Roberto Freire Pimenta – EMENTA: DEVOLUÇÃO DE DESCONTOS. ILEGITIMIDADE. Comprovado nos autos que o empregado não concorreu com culpa no acidente que originou os danos ao microcomputador que se encontrava em seu poder, merece ser mantida a r. decisão de primeiro grau que condenou a empregadora a devolver a quantia descontada no salário do trabalhador a este título. Isso porque os riscos da atividade econômica devem ser suportados pelo empregador (art. 2.º da CLT) e, a teor do § 2.º do art. 462 da CLT, só é lícito o desconto por dano causado, se houver prévio acordo nesse sentido na hipótese de culpa, ou em caso de dolo do empregado. Se houver ajuste, mas não se provar a culpa, será ilegítimo o desconto. Inteligência do princípio da integridade do salário. Deve ser ressaltado outro ponto no voto do Relator, sobre o fato de o empregado estar de costas:

Cumpre registrar que o simples fato de o autor encontrar-se "de costas" para o equipamento no instante em que ocorreu o acidente não autoriza o reconhecimento de que ele tenha agido com negligência, imprudência ou imperícia.

Conclusão: Aline não poderia ter sofrido o desconto, já que não agiu com culpa.

EQUIPARAÇÃO SALARIAL

João Batista e Frederico trabalhavam para a mesma empresa, GG. Motores, na mesma cidade, Florianópolis. João Batista foi admitido em maio de 2000, ao passo que Frederico foi contratado em setembro de 2001. Ambos realizavam as mesmas atividades como atendentes de telemarketing, sem diferença na quantidade e qualidade de atendimentos. Ocorre que João Batista ganhava R$ 450,00 mensalmente, enquanto Frederico tinha salário de R$ 350,00. Frederico acaba de ser dispensado e procura seu escritório para saber se ele tem algum direito, já que ganhava menos do que João, fazendo a mesma coisa que este. Dê o seu parecer.

Teoria

O princípio da isonomia salarial está disposto na Constituição Federal, de maneira abrangente, nos seguintes incisos do artigo 7.º: XXX, XXXI e XXXII.

A CLT, por sua vez, detalha alguns critérios para que surja o direito à equiparação salarial, visando proteger o empregado de discriminação salarial (art. 461). São eles:
- função idêntica;
- trabalho de igual valor;
- mesmo empregador;
- mesma localidade.

Estando presentes todos esses requisitos, se um empregado recebe salário menor do que outro, ele terá direito a receber a diferença em relação ao funcionário que recebe mais.

Numa ação trabalhista, paradigma é o empregado que ganha o salário maior, ao qual outro empregado pretende se equiparar. Este (que pretende se equiparar ao paradigma) é o chamado equiparando.

O § 1.º do artigo 461 esclarece o que vem a ser o trabalho de igual valor, dispondo que é aquele *feito com igual produtividade e com a mesma perfeição técnica, entre pessoas cuja diferença de tempo de serviço não for superior a 2 (dois) anos*. Assim, entre equiparando e paradigma não pode existir tempo de serviço superior a dois anos. A razão disso é que o empregado com mais tempo tem mais experiência, sendo justo que receba mais.

O artigo 461, § 2.º, dispõe ainda que a adoção de quadro de carreira pelo empregador impede o direito à equiparação salarial.

Estudo do caso

EMENTA: PLEITO DE EQUIPARAÇÃO SALARIAL – DENOMINAÇÃO DO CARGO IRRELEVANTE – IDENTIDADE FUNCIONAL – ART. 461/CLT. Para efeito de aferição do direito à equiparação salarial, a identidade na denominação do cargo gera, quando muito, uma presunção de identidade funcional. Segundo a melhor doutrina, "o empregado só pode reivindicar o mesmo salário do seu colega se ambos exercerem a mesma função, isto é, quando desempenharem os mesmos misteres ou tarefas, com igual responsabilidade na estrutura e funcionamento da empresa. Por isto, cumpre não confundir cargo e função: dois empregados podem ter o mesmo cargo e exercer, de fato, tarefas dessemelhantes ou de níveis de responsabilidade diferentes; ou, inversamente, executar a mesma função, sem que os respectivos cargos possuam a mesma designação" (SÜSSEKIND, Arnaldo. Instituições de direito do trabalho, *São Paulo: LTr, 1999, p. 442-3). Demonstrando o quadro fático que reclamante e paradigma não somente pertencem a distintos setores dentro da estrutura da empresa, como também exercem diferentes atribuições, é de somenos importância que ambos detenham o cargo genérico de "diretor" não se revelando por esse único fato a identidade funcional que autoriza a aplicação do art. 461/CLT (TRT 3.ª R. – 5.ª T. – RO 12266/01 – Rel. Juiz Eduardo Augusto Lobato – DJMG 13.11.2001 – p. 16).*

Análise

1. Em primeiro lugar, deve-se esclarecer o que a lei determina acerca do quadro de carreira. Como visto, o artigo 461, § 2.º, dispõe que a adoção de quadro de carreira pelo empregador impede o direito à equiparação salarial, *hipótese em que as promoções deverão obedecer aos critérios de antiguidade e merecimento*. Isso se deve ao fato de que haverá evolução do trabalhador na empresa, não cabendo a equiparação. A jurisprudência, entretanto, entende que esse quadro deve ser homologado pelo Ministério do Trabalho (Súmula n.º 6, TST).

2. No caso acima, a empresa possui Plano de Cargos e Salários (PCS). Muitas empresas possuem PCS sem previsão de promoções por antiguidade e merecimento, caso em que não se aplica o artigo 461, § 2.º, da CLT. Somente quando o quadro de carreira for homologado pelo Ministério do Trabalho, não se poderá falar em pedido de equiparação salarial. Do contrário, o empregado poderá pleitear a equiparação.

3. Esse ensinamento vale para duas conclusões distintas, trazidas na decisão. Se dois empregados possuem o mesmo cargo (no caso em análise, diretor), mas têm funções distintas, não há direito à equiparação. Do outro lado, se dois empregados possuem cargos diferentes (por exemplo, um funcionário é agente de atendimento I e o outro agente de atendimento II), mas na realidade fazem a mesma coisa, haverá direito à equiparação salarial, mesmo havendo Plano de Cargos e Salários atribuindo nomenclaturas distintas. No acórdão, trata-se da primeira situação. José e Pedro tinham o cargo de "diretor", mas executavam funções diferentes. Logo, não há que se falar em equiparação salarial.

4. No problema proposto, João Batista e Frederico executam as mesmas funções, para o mesmo empregador, na mesma localidade e com diferença de tempo de serviço na função inferior a dois anos. Logo, os requisitos foram preenchidos e Frederico deve ajuizar reclamação trabalhista pleiteando as diferenças salariais decorrentes da equiparação salarial.

9

ESTABILIDADE E GARANTIAS PROVISÓRIAS DE EMPREGO

POR QUE ESTUDAR ESTE CAPÍTULO?
Este capítulo é importante por analisar as situações excepcionais em que o empregado não pode ser dispensado sem justa causa. Logo, por se tratar de uma exceção à regra geral, muitas vezes a estabilidade é esquecida ou ignorada pelos empregadores, o que leva a litígios perante a Justiça do Trabalho. Daí a importância de se estudar cuidadosamente o tema.

ESTABILIDADE E GARANTIAS PROVISÓRIAS DE EMPREGO

Alguns empregados, por sua condição específica, não podem ser dispensados sem justa causa. No entanto, isso é a exceção: na legislação brasileira, a regra é que um empregado pode ser dispensado sem justa causa.

Garantia provisória de emprego (conhecida muitas vezes como estabilidade) é o direito do trabalhador de permanecer no emprego, mesmo contra a vontade do seu empregador, exceto quando exista motivo, previsto em lei, para a sua dispensa (exemplo: justa causa).

O artigo 492 da CLT dispõe que os empregados não optantes pelo regime do Fundo de Garantia do Tempo de Serviço (FGTS), que trabalhem dez anos sem interrupção para um empregador, tornam-se estáveis, não podendo ser demitidos, a não ser em caso de falta grave. Como o regime do Fundo de Garantia foi criado pela Lei n.º 5.207 de 1967 e se tornou obrigatório para todos os empregados com a Constituição da República (promulgada em 5.10.1988), hoje só detêm esta estabilidade permanente empregados não optantes pelo regime do FGTS e que completaram, antes de 5.10.88, dez anos de serviços ininterruptos ao mesmo empregador. Logo, são raríssimos os casos de estabilidade permanente, tendendo a desaparecer.

Além da estabilidade permanente vista acima, a legislação trabalhista prevê as seguintes espécies de estabilidade provisória no emprego:

- dirigente sindical de empregados: desde o registro da candidatura até um ano após o término do mandato;
- representante dos empregados na Comissão Interna de Prevenção de Acidentes (CIPA): desde o registro da candidatura até um ano após o término do mandato;
- gestante: desde a confirmação da gravidez até cinco meses após o parto;
- acidente do trabalho: desde o retorno ao trabalho até um ano após a cessação do pagamento do auxílio-doença acidentário pelo INSS;

- diretor de cooperativa de empregados da empresa empregadora: desde o registro da candidatura até um ano após o término do mandato;
- representante dos empregados nas comissões de conciliação prévia: até um ano após o término do mandato;
- representantes dos empregados no conselho curador do FGTS: da nomeação até um ano após o término do mandato;

Existe ainda a possibilidade de normas coletivas (ACT ou CCT) criarem novas modalidades de garantia no emprego.

DIRIGENTE SINDICAL

Luís Henrique é empregado da Indústria de Doces Geagá Ltda. Há dois anos, foi eleito para o cargo de presidente do sindicato da sua categoria profissional. Certo dia, Luís Henrique, sem paciência com a nova metodologia adotada pela empresa, agrediu seu superior hierárquico fisicamente. Foi, então, dispensado por justa causa. Tendo em vista a estabilidade sindical, pode Luís Henrique ser dispensado? Justifique.

Teoria

A legislação trabalhista garante o emprego do dirigente sindical com a finalidade de evitar represálias por parte do empregador contra o empregado que representa e luta pelos direitos de toda uma categoria trabalhadora. Esta estabilidade está prevista na Constituição Federal:

Artigo 8.º (...)

VIII – é vedada a dispensa do empregado sindicalizado a partir do registro da candidatura a cargo de direção ou representação sindical e, se eleito, ainda que suplente, até um ano após o final do mandato, salvo se cometer falta grave nos termos da lei.

O dirigente sindical destituído de suas funções perde o direito à estabilidade, pois esta se vincula ao exercício da atividade sindical.

Estudo do caso

EMENTA: DIRIGENTE SINDICAL – INQUÉRITO PARA APURAÇÃO DE FALTA GRAVE – PROCEDÊNCIA. *As faltas cometidas pelo Requerido, em especial a ofensa verbal ao Presidente da Empresa, com palavras de baixo calão, em carro de som do Sindicato, restaram provadas, tornando-se inviável a continuidade do pacto laboral. Mesmo que se entenda que a falta em questão ocorreu após a suspensão aplicada ao Requerido, neste período, as obrigações acessórias do contrato são exigíveis e dentre elas destaca-se o tratamento respeitoso que deve dispensar as partes na vigência do contrato de trabalho. Acrescento que o Dirigente Sindical não pode extrapolar os limites da liderança sindical devendo pautar-se por conduta escorreita, na defesa dos interesses da categoria, com distinção e urbanidade, sendo que as faltas praticadas autorizam a procedência do Inquérito para Apuração de Falta Grave, com a cassação da liminar de reintegração e autorização para a dispensa do Requerido, por justa causa.* (TRT 3.ª R. – 1.ª T. – RO 20187/98 – Rel. Juíza Beatriz Nazareth Teixeira de Souza – DJMG 1.º.10.1999 – p. 8).

Análise

1. No caso acima, o dirigente sindical extrapolou os limites da liderança sindical, tendo agredido seu empregador. Como já vimos, a estabilidade garante o emprego do trabalhador contra a dispensa sem justa causa. Como, na situação acima, o empregado cometeu falta grave, ele pôde ser dispensado por justa causa.

2. A grande questão aqui colocada é se existe ou não a necessidade de um inquérito para apuração da falta grave. De acordo com a CLT, em seu artigo 543, § 3.º, o dirigente sindical só poderia ser dispensado se cometesse *falta grave devidamente apurada nos termos desta Consolidação*. De acordo com o melhor entendimento, esse artigo foi recepcionado pelo artigo 8.º, VIII, da Constituição (visto anteriormente). Logo, permanece a necessidade de apuração através do inquérito, que é judicial, para apuração da falta grave. A Orientação Jurisprudencial da SBDI-1 do TST n.º 114 (cancelada em decorrência da sua conversão na Súmula n.º 379, DJ 20.4.05), assim dispõe:

Dirigente sindical. Despedida. Falta grave. Inquérito Judicial. Necessidade.

Logo, especificamente no caso do dirigente sindical (e dos poucos casos remanescentes de estabilidade clássica), é imprescindível o inquérito previsto nos artigos 853 a 855 da CLT. Nos demais, entende-se que não é necessário tal inquérito.

3. No problema proposto, fica claro que Luís Henrique pode ser dispensado, já que sua garantia de emprego só o protege contra a dispensa sem justa causa. Ao cometer uma falta grave, ele pode ser dispensado por justa causa. No entanto, isso só poderá ocorrer após o inquérito judicial para apuração da falta grave proposto pela empresa perante a Justiça do Trabalho.

GESTANTE

No dia 1.º de dezembro de 2004, a loja de roupas femininas Joana's Ltda. resolveu admitir duas novas funcionárias através de contratos de experiência, com duração de sessenta dias. No 51.º dia, uma das funcionárias, Luana, revelou à sua empregadora que estava grávida. A proprietária da loja procura você, advogado(a), para consultar-se, já que ouviu falar que grávidas não podem ser "mandadas embora". Dê o seu parecer sobre o assunto.

ESTABILIDADE E GARANTIAS PROVISÓRIAS DE EMPREGO

Teoria

De acordo com o artigo 10, II, "b", do Ato das Disposições Constitucionais Transitórias, fica vedada a dispensa arbitrária ou sem justa causa da empregada gestante, desde a confirmação da gravidez até cinco meses após o parto.

Apesar de existir uma teoria subjetiva a respeito dessa "confirmação" (defendendo que só existiria estabilidade quando o empregador tivesse conhecimento da gravidez), os tribunais trabalhistas adotaram a teoria objetiva. Segundo ela, a estabilidade no emprego independe da comprovação da gravidez perante o empregador. Vejamos a Súmula n.º 244, I, do TST:

O desconhecimento do estado gravídico pelo empregador, salvo previsão contrária em norma coletiva, não afasta o direito ao pagamento da indenização decorrente da estabilidade.

Estudo do caso

RECURSO DE REVISTA. GESTANTE. ESTABILIDADE PROVISÓRIA. CONTRATO DE EXPERIÊNCIA. *O direito à estabilidade provisória da gestante é incompatível com o contrato de experiência (Orientação Jurisprudencial 196 da SDI-I do TST). Estando o acórdão recorrido em harmonia com tal entendimento, o processamento do recurso de revista encontra óbice no Enunciado 333 desta Corte e no § 4.º do art. 896 da CLT. Recurso não conhecido (TST – RR 610475/99 – DJ 12.12.2003).*

Análise

1. Questão interessante, mas já pacificada na jurisprudência, diz respeito à estabilidade no decorrer do contrato de experiência (tipo de contrato de prazo determinado). Se o trabalhador adquire o direito à garantia no emprego no decorrer do contrato que tem data para terminar, permanece a empregada até o término de sua estabilidade? Ou ainda vale a data previamente ajustada?

2. O caso acima trata exatamente dessa questão. Como se vê, o direito à estabilidade da gestante é incompatível com o contrato de experiência, conforme o disposto na Orientação Jurisprudencial n.º 196 da SDI-1 do TST, (cancelada em decorrência da nova redação conferida à Súmula n.º 244, DJ 20.4.05). Assim, a empregada sabia de antemão a data do término do seu pacto desde o momento de sua contratação, não se podendo falar em dispensa por parte do empregador. Este simplesmente está cumprindo o contrato.

3. Em relação aos outros tipos de garantia de emprego, surge a mesma indagação em relação aos contratos de prazo determinado. No nosso entendimento, vale a mesma regra vista aqui: não se pode falar em estabilidade, já que as partes tinham ciência do término do contrato desde a admissão do trabalhador.

4. Assim, no caso proposto, o parecer deveria ser no sentido de não existir estabilidade da gestante Luana, já que se trata de contrato de experiência.

ACIDENTE DO TRABALHO

Franklin é funcionário da empresa Call Center CC. Ltda. desde 10 de maio de 2002. Em 23 de julho de 2003, Franklin, após várias ausências por atestado médico, reclamou ao seu superior que estava sentindo dores terríveis no braço em razão do seu trabalho repetitivo, não conseguindo mais mover suas mãos. Seu empregador, sr. Júlio, resolveu dispensá-lo sem justa causa, não emitindo o Comunicado de Acidente do Trabalho. Franklin, então, impossibilitado de trabalhar devido à sua doença, desenvolvida na empresa, procura seu advogado e ajuíza reclamação trabalhista, dizendo se tratar de um acidente de trabalho (em razão de doença profissional), pedindo indenização pelo valor correspondente aos doze meses de estabilidade a que teria direito como acidentado. Você é o juiz do caso. Analise e decida-o.

Teoria

Dispõe o artigo 118 da Lei n.º 8.213/91 que o empregado segurado vítima de acidente do trabalho tem garantida a manutenção do seu contrato de trabalho na empresa durante o prazo mínimo de doze meses, após a cessação do auxílio-doença acidentário, independentemente da percepção de auxílio-acidente.

Podemos dividir, portanto, em dois requisitos para o surgimento do direito à estabilidade para o trabalhador acidentado: o reconhecimento da doença profissional ou acidente do trabalho pelo INSS e o afastamento além dos primeiros quinze dias, com o pagamento do auxílio-doença acidentário (já que os primeiros quinze dias correm por conta do empregador, não configurando benefício previdenciário). Assim, um acidente que force o empregado a se ausentar dois dias não gera o direito à estabilidade prevista no artigo 118 da Lei n.º 8.213/91. Isso só ocorrerá quando o empregado receber o benefício do INSS, o que se dá a partir do 15.º dia de ausência.

O objetivo dessa forma de estabilidade é garantir ao empregado que sofreu acidente de trabalho (ou doença equiparada) uma reabilitação sem discriminações pelo fato de haver estado doente ou acidentado, o que poderia reduzir sua capacidade laborativa.

Estudo do caso

EMENTA: INDENIZAÇÃO – ACIDENTE DE TRABALHO. O acidente de trabalho ocorre pelo exercício do trabalho a serviço da empresa, provocando lesão corporal ou perturbação funcional que cause a perda ou redução da capacidade para o trabalho, permanente ou temporária. Desde que comprovado pela perícia o nexo de causalidade entre o estado de saúde do reclamante e o trabalho, irrelevante que não tenha sido emitida a CAT e que o reclamante não tenha percebido o auxílio do INSS. As atividades do reclamante atuaram como desencadeantes da patologia, ensejando o direito ao pagamento de indenização decorrente da estabilidade provisória. (TRT 3.ª R. – 4.ª T. – RO 19723/00 – Rel. Juiz Márcio Flávio Salem Vidigal – DJMG 27.1.2001 – p. 17).

Análise

1. Trata-se de uma situação muito controversa em nossos tribunais. Como vimos no artigo 118 da Lei n.º 8.213/91, para que exista o direito à estabilidade acidentária, é necessário que o empregado seja afastado do emprego e receba o auxílio-doença acidentário do INSS. A discussão está justamente neste ponto: se o empregador dispensa o empregado para impedir o reconhecimento do acidente ou doença profissional pelo INSS, existe o direito à estabilidade? Ou seja, faltando o requisito formal do benefício previdenciário, pode o empregador ser condenado pela dispensa indevida?

2. Para responder a tais perguntas, deve-se buscar a ajuda dos fatos envolvendo a situação. No caso acima, o empregado apresentava quadro clínico de doença profissional e o empregador, visando evitar o afastamento médico, não emite o Comunicado de Acidente do Trabalho (CAT), temendo a futura estabilidade. No decorrer do processo, uma perícia médica foi determinada e constatou o nexo de causalidade entre o trabalho e a doença desenvolvida. Sendo assim, não há por que se prender ao aspecto formal do afastamento pelo INSS, já que a empresa tomou medidas ilegais visando impedir o empregado de exercer seus direitos.

3. Logo, no caso de Franklin, ficando constatado através de uma perícia médica o nexo causal entre o trabalho e a doença, deve o juiz decidir em favor dele, agindo conforme a finalidade social da lei, não de acordo com aspectos puramente formais.

10

EXTINÇÃO DO CONTRATO DE TRABALHO

POR QUE ESTUDAR ESTE CAPÍTULO?

O tema é cativante e prático. Se observarmos a prática da advocacia e a maioria dos casos que chegam à apreciação dos juízes do trabalho, notaremos que estes se referem a situações que envolvem a extinção do contrato de trabalho, já que o empregado só se dirige à Justiça do Trabalho quando seu contrato termina, exceto os casos remanescentes de estabilidades (vide Capítulo 9). Por isso, deve-se estudar com redobrada atenção esse tema.

EXTINÇÃO DO CONTRATO DE TRABALHO

Podemos dividir o estudo deste capítulo em quatro tópicos principais:
- Aviso prévio
- Extinção por ato do empregador
- Extinção por ato do empregado
- Extinção – outros casos.

É necessário lembrar que o contrato de trabalho é de execução continuada e, regra geral, não tem prazo para terminar (exceto os casos já vistos no Capítulo 5). Será estudada, portanto, a extinção de um contrato normal, de prazo indeterminado.

AVISO PRÉVIO

Fernando trabalha para a empresa Biking P. Ltda., em São Paulo. Seu empregador, senhor Elias, preocupado com a retração da economia, resolve dispensá-lo sem justa causa, dando-lhe o aviso prévio de trinta dias. Visando facilitar a vida de Fernando (principalmente para que ele pudesse procurar um novo emprego), Elias lhe diz que ele não precisa cumprir o aviso, ou seja, ele não precisa trabalhar naqueles trinta dias. Elias vai simplesmente pagar o aviso prévio. No entanto, Elias tem uma dúvida: se Fernando vai parar de trabalhar agora, mas o aviso prévio está sendo pago, qual é a data de saída da empresa? Agora ou daqui a trinta dias? O que Elias deve anotar na Carteira de Trabalho de Fernando? Responda às perguntas do senhor Elias.

Teoria

Se o contrato não tem prazo certo para findar-se, a parte que quiser extingui-lo deve notificar a outra. O aviso prévio é, portanto, uma notificação com prazo. Pode-se concluir que:
- ele só existe nos contratos por prazo indeterminado, já que nos de prazo determinado as partes pactuam a data do seu término.

Na lei brasileira, o aviso prévio só existe na rescisão contratual por ato das partes sem justa causa. Logo, se uma das partes comete falta grave (justa causa), não deve ser dado o aviso prévio.

Quanto ao tempo de duração do trabalho, podemos salientar os seguintes pontos:
- o aviso prévio é de 30 dias;
- o horário de trabalho será diminuído de duas horas diárias ou sete dias corridos, por faculdade do empregado (art. 488, parágrafo único, CLT).

Quanto ao pagamento, os seguintes aspectos devem ser ressaltados:
- eventuais aumentos da categoria, efetivamente, serão devidos ao empregado pré-avisado;
- se o empregador não dá o aviso prévio, tem de pagá-lo (art. 487, § 1.º, CLT);
- se o empregado não dá o aviso prévio, tem de pagá-lo, podendo o empregador descontá-lo (art. 487, § 2.º, CLT);
- salário variável, calcula-se na média dos últimos doze meses de serviço (art. 487, § 3.º, CLT);
- o empregador pode dar o chamado "aviso prévio indenizado", ou seja, o empregador paga o aviso, mas o empregado não trabalha naquele período. Existe Orientação Jurisprudencial do TST dizendo que *a data de saída a ser anotada na CTPS deve corresponder à do término do prazo do aviso prévio, ainda que indenizado* (OJ n.º 82, da SDI-1 do TST);
- o aviso prévio é devido na dispensa sem justa causa, para o empregador, e no pedido de demissão, para o empregado. Não é devido na dispensa por justa causa;
- o direito ao aviso prévio é irrenunciável pelo empregado;
- para reconsideração do aviso prévio, só um ato bilateral de empregado e empregador;
- o aviso prévio não precisa ser escrito para ser devido;

- as faltas de empregado e empregador, durante o aviso, acarretam: pagamento do restante, se a falta é do empregador (art. 490, CLT); perda do restante do aviso, se a falta é do empregado (art. 491, CLT).

Estudo do caso

AVISO PRÉVIO. BAIXA DA CTPS. O aviso prévio indenizado integra o tempo de serviço do empregado para todos os efeitos legais, conforme prevê o art. 487, § 1.º, da CLT, devendo coincidir, portanto, na CTPS do autor a data de saída com o término do aviso prévio. Nesse sentido pacificou-se a jurisprudência desta Corte, nos termos da Orientação Jurisprudencial n.º 82 da SDI-1. Recurso de revista conhecido e provido, no particular (TST – 4.ª T. – RR 689-2002-071-02-00 – DJ 18.2.2005).

Análise

1. O aviso prévio indenizado (API) é aquele que não é trabalhado. O empregador simplesmente paga os trinta dias do aviso, sem exigir o trabalho por parte do empregado. É um sistema muito utilizado, pois muito empregadores entendem que não lhes interessa manter um empregado que já sabe que perdeu o emprego, ao passo que os empregados preferem receber sem trabalhar a trabalhar mais trinta dias. Dúvida freqüente entre estudantes de Direito, empresários e pessoas envolvidas com a dispensa de um empregado diz respeito à data oficial da dispensa do empregado: seria aquela em que efetivamente o empregado parou de trabalhar ou, por ficção, uma projeção de trinta dias à frente, como se o empregado tivesse trabalhado os trinta dias?

2. O caso em análise levanta tal questão. A leitura do acórdão é esclarecedora: deve constar na carteira de trabalho do empregado a data da projeção do aviso, já que este integra o tempo de serviço do empre-

gado para todos os efeitos. Logo, embora o empregado não trabalhe realmente aqueles dias, por uma questão de contagem de tempo de trabalho, a data de sua saída é projetada por mais trinta dias. A Orientação Jurisprudencial n.º 82, da SDI-1 do TST, citada no acórdão, é clara. Vejamos:

A data de saída a ser anotada na CTPS deve corresponder à do término do prazo do aviso prévio, ainda que indenizado.

3. No problema de Elias, a resposta ficou clara: a data correta é aquela com a projeção de trinta dias, uma vez que o aviso prévio, mesmo indenizado, integra o tempo de serviço para todos os efeitos.

EXTINÇÃO POR ATO DO EMPREGADOR
Dispensa sem justa causa

> Silas é o proprietário de uma empresa revendedora de automóveis importados. Devido a uma grande oscilação do dólar e conseqüente encarecimento dos carros que vende, ele se viu obrigado a dispensar dois dos seus nove funcionários. Silas preferiu que esses dois empregados não trabalhassem durante o aviso prévio, dizendo a eles que poderiam cumpri-lo em casa. Silas, então, teve uma dúvida: qual é o prazo para o pagamento da rescisão contratual, se os empregados irão cumprir o aviso prévio em casa? Você é o advogado de Silas e foi consultado. Dê o seu parecer.

Teoria

A dispensa sem justa causa é o tipo mais comum de extinção do contrato de trabalho. Nela, o empregador pode romper o pacto com o seu funcionário sem dar motivos para isso. Em outros países, essa figura não existe: toda dispensa deve ser motivada, deve ter uma causa. Não no Brasil. A maioria dos casos que chegam à Justiça do Trabalho nasce após uma dispensa sem justa causa, que pode atingir qualquer empregado, exceto aqueles estáveis (conforme já estudamos).

O empregado que estiver trabalhando mais de um ano de serviço, ao ser dispensado, deve ter assistência do respectivo Sindicato ou autoridade do Ministério do Trabalho (art. 477, § 1.º, CLT).

O empregado, ao ser dispensado sem justa causa, tem os seguintes direitos:

- Sacar os depósitos do Fundo de Garantia por Tempo de Serviço. Vale ressaltar que, além do saque dos depósitos mensais, o empregador, na rescisão sem justa causa, também deposita uma multa indenizatória de 40% sobre os depósitos feitos na conta do FGTS daquele empregado. Essa multa será também levantada pelo empregado.
- Aviso prévio.
- Férias proporcionais mais 1/3 e férias vencidas (se houver).
- 13.º salário proporcional.

O QUE É O FGTS?
O Fundo de Garantia por Tempo de Serviço foi criado em 1966, para substituir a indenização por tempo de serviço prevista na CLT. O FGTS nada mais é do que uma conta bancária individual para cada empregado, na qual o empregador deposita mensalmente 8% do salário do empregado. Desde a Constituição Federal de 1988, o sistema do FGTS foi universalizado. Na dispensa sem justa causa, o empregador é obrigado a depositar a multa de 40% do FGTS. A Lei Complementar n.º 110/2001 instituiu adicionais de contribuições ao FGTS nas seguintes formas: mais 0,5% para os depósitos mensais; mais 10% em caso de dispensa sem justa causa.

Estudo do caso

AVISO PRÉVIO CUMPRIDO EM CASA – Não existe legalmente a figura do aviso prévio "cumprido em casa", sendo este trabalhado ou não. Assim, nesta hipótese, o prazo para o acerto rescisório passa a ser aquele previsto no § 6.º, "b", do artigo 477 da CLT. Neste compasso, a Orientação Jurisprudencial n.º 14 da SDI do TST dispõe que a quitação das verbas rescisórias na conjetura do empregado cumprir o aviso prévio em casa deve ser feita até o 10.º dia da notificação da demissão (CLT, art. 477, § 6.º, "b"). A não observância do lapso imposto pela norma atrai a condenação à multa do parágrafo 8.º do referido artigo (TRT 3.ª R. – 6.ª T. – RO 6561/02 – Rel. Juíza Emília Facchini – DJMG 1.º.8.2002 – p.13).

Análise

1. No caso acima, poderemos analisar o prazo para o pagamento da rescisão do contrato de trabalho quando ocorre a dispensa sem justa causa. De acordo com o artigo 477, § 6.º da CLT, o pagamento dos valores da rescisão contratual deverá ser efetuado nos seguintes prazos:
   - até o primeiro dia útil imediato ao término do contrato; ou
   - até o décimo dia, contado da data da notificação da demissão, quando da ausência do aviso prévio, indenização deste ou dispensa do seu cumprimento.

Em caso de descumprimento desses prazos, determina ainda o artigo 477, § 8.º da CLT, que o infrator deverá pagar uma multa para o empregado no valor do seu salário, além de multa administrativa em favor do Ministério do Trabalho. Daí a importância de se conhecer os prazos.

2. A dúvida levantada no caso em tela refere-se ao aviso prévio cumprido em casa. Seria ele uma categoria diferente, já que o empregado

ficaria à disposição do empregador e, sendo assim, poderia ser pago até o primeiro dia útil após o término dos trinta dias do aviso? Ou seria equiparado ao AP indenizado e deveria, portanto, respeitar o prazo até o décimo dia contado da data da dispensa do cumprimento?

3. A decisão é clara e segue Orientação Jurisprudencial do TST: não existe diferenciação, na lei, quanto ao aviso prévio cumprido em casa. Logo, ele deve ser tratado como a hipótese do artigo 477, § 6.º, "b" da CLT, ou seja, o pagamento das verbas rescisórias deve ser feito até o décimo dia após o aviso, neste caso, comparado ao indenizado.

4. Como advogado de Silas, seu parecer deve ser no sentido de pagar o acerto da rescisão sem justa causa até o décimo dia após o aviso, já que o cumprimento "em casa", para a lei, não existe.

Dispensa por justa causa

A falta grave do empregado pode gerar a dispensa por justa causa. Na legislação brasileira, as hipóteses de dispensa por justa causa estão previstas no artigo 482 da CLT.

A dispensa por justa causa é a maior punição que pode ser aplicada a um empregado, pois, além de perder o emprego, o trabalhador não receberá as verbas típicas de uma dispensa sem justa causa. Ele fará jus somente aos seguintes direitos:
- saldo de salário;
- férias vencidas, se houver.

Para que exista a justa causa, esta deve estar prevista na lei. Deve também ser um fato grave e a punição deve ser proporcional ao ato. Por último, a pena deve ser aplicada de imediato, senão poderá ocorrer perdão tácito.

No nosso estudo, veremos cada uma das faltas graves previstas no artigo 482, separadamente.

Ato de improbidade

L. Felipe é funcionário da empresa Distribalas M. Ltda. No dia 15 do mês passado, ele foi flagrado subtraindo uma folha de talão de cheque do seu superior hierárquico. O dono da empresa, no mesmo dia, foi até o seu escritório com o intuito de saber o que fazer com Luís Felipe.

Análise

1. A improbidade revela-se através de um ato contra o patrimônio do empregador. São exemplos: o furto, a falsificação, etc. Ela destrói a confiança que deve existir na relação de emprego. Logo, não é necessária a reincidência por parte do empregado. Basta um único ato para que se configure essa falta grave, independentemente do valor da coisa subtraída.

2. No problema de L. Felipe, o empregador poderá dispensá-lo por justa causa, independentemente de punição na esfera criminal. O poder disciplinar é um dos poderes do empregador, logo ele poderá exercê-lo quando entender necessário. Se o empregado acreditar que houve abuso na justa causa, deverá ajuizar reclamação trabalhista, na qual serão discutidas as provas da falta grave. Este é um risco na aplicação desse tipo de dispensa: a ação trabalhista. Rescindir um contrato por justa causa é algo muito sério, devendo o empregador fazê-lo quando tiver certeza do ato faltoso e tiver reunido provas suficientes. Do contrário, será certamente acionado na Justiça, possivelmente respondendo a pedido de indenização por danos morais.

Incontinência de conduta

P., vendedor de sapatos na loja Pé Zão Ltda., foi visto utilizando o computador da empresa para acessar *sites* pornográficos, inclusive imprimindo

EXTINÇÃO DO CONTRATO DE TRABALHO

páginas de conteúdo erótico para mostrar a clientes e colegas de trabalho. Ele pode ser dispensado por justa causa?

Análise

1. Essa falta grave diz respeito a comportamento desregrado no tocante à vida sexual. São exemplos: obscenidades, pornografia, etc.

2. Com relação ao funcionário da loja Pé Zão, obviamente sua conduta pode ser enquadrada na falta grave prevista na alínea "b", do artigo 482 da CLT.

3. Questão interessante diz respeito à possibilidade de o empregador monitorar *e-mails* de empregados no ambiente de trabalho. Haveria invasão de privacidade? Nosso entendimento é no sentido de que o *e-mail* é ferramenta de trabalho. Logo, sobre ele poderá incidir o poder de direção do empregador e, conseqüentemente, o de fiscalização, desde que de forma moderada, generalizada e impessoal. Isso se justificaria pelo fato de que a empresa objetiva, com tal controle, verificar se informações comerciais sigilosas estariam sendo transmitidas. Só existiria, portanto, a proteção ao sigilo caso se tratasse de *e-mail* pessoal. Esse também foi o entendimento recente do TST.

Mau procedimento

L., funcionário da empresa Carro Alegre Ltda., colocou em prática um plano antigo: pegou um cartaz, escreveu a frase "Sou burro e quero ser demitido" e colou nas costas do seu colega do setor de vendas, que foi exposto ao ridículo diante dos demais funcionários e dos clientes. O dono da empresa, Hugo, temendo pela reputação de sua loja, telefona para você, advogado, indagando se esse caso se enquadra em alguma justa causa prevista no artigo 482, CLT. Qual é a sua opinião?

Análise

1. O mau procedimento é uma falta grave que não pode ser enquadrada nas demais previsões da CLT. São aquelas atitudes do empregado não compatíveis com o ambiente de trabalho, mas que não se enquadram nas demais alíneas do artigo 482 da CLT.

2. No caso acima, a atitude do funcionário claramente agride o ambiente de trabalho e coloca em risco a credibilidade do estabelecimento. Como não é um ato que possa ser enquadrado nas demais previsões de justa causa da lei, ela é um caso de mau procedimento.

Negociação habitual

> Geni trabalha como vendedora para a empresa de doces Balas Boas Ltda. No entanto, a fim de aumentar seus ganhos, começou a vender, como autônoma, os mesmos tipos de doces da empresa concorrente, Tudobalas S/A, habitualmente. Após dez meses dessa situação, tendo percebido a queda acentuada nas vendas, seu empregador descobriu que Geni vendia produtos do seu principal concorrente. Pergunta-se: ela pode ser dispensado por justa causa?

Análise

1. O empregado não pode agir de forma que faça concorrência com o seu empregador, sem a concordância deste. O que a lei quer é proteger o negócio da concorrência desleal e habitual por parte de um funcionário, já que esta prejudica a empresa e o serviço.

2. Geni poderá ser dispensada por justa causa, uma vez que realizou concorrência desleal e habitual em prejuízo de seu empregador e do seu serviço.

Condenação criminal

Frederico, funcionário de uma empresa de conservação e limpeza, foi condenado, em 1.ª instância, pelo crime de furto. Ele poderá responder em liberdade. O sócio da empresa resolveu dispensá-lo, dizendo que houve uma condenação criminal. Pergunta-se: agiu corretamente o sócio? Por quê?

Análise

1. Dispõe a CLT:

Art. 482. Constituem justa causa para rescisão do contrato de trabalho pelo empregador:

(...)

d) condenação criminal do empregado, passada em julgado, caso não tenha havido suspensão da execução da pena.

Essa falta grave só existirá quando o empregado estiver impossibilitado de continuar trabalhando, não pela condenação criminal em si. Logo, se a pena for cumprida em regime aberto, por exemplo, não está configurada essa justa causa.

2. O empregador de Frederico não agiu corretamente, já que o texto da lei é claro: a condenação criminal deve ter transitado em julgado, o que não ocorreu no caso, já que houve uma sentença de 1.ª instância, passível de recurso.

Desídia

Sérgio é empregado da loja Armarinho A.M. Na primeira semana do mês passado, ele se atrasou duas vezes para o serviço. Na segunda semana, ele se atrasou mais uma vez. Na terceira, mais duas vezes. Na última semana do mês, mais uma vez ele se atrasou. No primeiro atraso, seu empregador advertiu-o. Nos demais, suspendeu Sérgio por alguns dias. Entretanto, após tantas chances para que ele se recuperasse, Sérgio continuou se atrasando e demonstrando desinteresse pelo seu emprego. O proprietário da loja vai até seu escritório e pergunta se pode dispensar Sérgio por justa causa. O que você responde?

Análise

1. A desídia configura-se quando o empregado trabalha com preguiça, má vontade, displicência, indolência e desatenção; quando não cumpre corretamente o seu dever de trabalhar. Exemplos comuns são os atrasos injustificados e reiterados e as faltas sem justificativa ao serviço. Nesses casos, um somatório de repetidas pequenas faltas demonstram o desleixo do empregado.

2. Importante salientar que, na desídia, o empregador deve aplicar com mais insistência seu poder disciplinar, de forma educativa, na tentativa de recuperar o empregado: advertências e suspensões. Após tais tentativas de correção de conduta do empregado, torna-se possível a aplicação da dispensa por justa causa.

3. Contudo, pode existir a desídia grave, caso em que não se necessita da reiteração de atos faltosos, mas somente um ato desidioso de grandes repercussões no ambiente de trabalho. Um exemplo seria o do empregado que falta mais de vinte dias ao serviço, sem justificativa, retornando ao emprego apenas para evitar a configuração do abandono de emprego.

4. Sérgio poderá ser dispensado por justa causa, uma vez que seus atrasos reiterados comprovam seu desinteresse pelo serviço. As punições anteriores (advertências e suspensões) foram corretamente aplicadas, na tentativa de corrigir a postura do funcionário. Diante do seu rela-

EXTINÇÃO DO CONTRATO DE TRABALHO

xamento e falta de comprometimento com a empresa, comprovada está a desídia de Sérgio.

Embriaguez

> L., funcionário da empresa de PB Ltda., na terça-feira da última semana, foi flagrado bebendo vodka enquanto executava seus serviços numa máquina de alto valor recentemente adquirida pela empresa. O sócio majoritário da firma entrou em contato com o seu escritório, indagando sobre a possibilidade de dispensar L. por justa causa. Qual é a sua posição a respeito?

Análise

1. A embriaguez pode ser gerada pelo álcool ou pela droga. Caso ela seja habitual, conduzirá à justa causa, mesmo que ocorra fora do local de trabalho. Se ocorrer em serviço, um ato apenas é suficiente para autorizar a dispensa por justa causa, já que se trata de desrespeito de conseqüências imprevisíveis para o ambiente de trabalho.

2. Há algum tempo, um novo enfoque tem sido dado a esse tipo de falta grave, repensando o conceito estabelecido na lei. Quando o alcoolismo for patológico, é uma doença e não falta grave. Logo, a conseqüência jurídica deve ser o encaminhamento ao Instituto Nacional da Seguridade Social (INSS), não a dispensa. Vale lembrar que a Organização Mundial de Saúde classifica o alcoolismo como doença, o que dá base para esse último entendimento.

3. Com base na explicação acima, entendemos que a melhor atitude da empresa seria encaminhar L. ao INSS para tratamento. Existe entendimento contrário, no sentido de que não é obrigação do empregador tolerar empregado alcoólatra, que pode causar acidentes de trabalho, tem problemas de convívio e desempenho insatisfatório de funções.

Violação de segredo da empresa

R. trabalha como programador na SofBras S/A, empresa de softwares voltados para a área financeira de pessoas jurídicas. Na semana passada, o presidente da SofBras descobriu que R. transmitia os métodos de desenvolvimento de software da SofBras para uma empresa concorrente. O presidente, então, entra em contato com você, diretor jurídico da empresa, procurando uma solução (e uma punição) para R. O que você aconselha?

Análise

1. Informações confidenciais da empresa têm proteção legal, especialmente contra empresas concorrentes. De acordo com Amauri Mascaro Nascimento, violação de segredo da empresa *é a divulgação não autorizada das patentes de invenção, métodos de execução, fórmulas, escrita comercial e, enfim, de todo fato, ato ou coisa que, de uso ou conhecimento exclusivo da empresa, não possa ou não deva ser tornado público, sob pena de causar prejuízo remoto, provável ou imediato à empresa*. Alguns autores reduzem essa amplitude. No nosso entendimento, o simples fato da violação já configura a justa causa.

2. No caso acima, R. poderá ser dispensado por justa causa, por ter violado o segredo da empresa, especialmente por tê-lo revelado a uma concorrente.

Indisciplina e insubordinação

a) No supermercado Jg. Ltda. existe uma portaria interna determinando que os funcionários trabalhem de uniformes e crachá, para fins de identificação. A funcionária M., na semana passada, ignorou tal norma interna da empresa, dizendo: "uso o que bem entendo, a roupa é minha e o uniforme é horroroso". Ela cometeu alguma falta grave prevista na CLT?

EXTINÇÃO DO CONTRATO DE TRABALHO

b) No mesmo supermercado, também na semana passada, no setor de frios e congelados, o gerente determinou que fossem removidos os produtos com data de validade vencida. O funcionário F. não cumpriu tal ordem a ele direcionada, argumentando que "até um mês depois ainda dá para consumir os produtos". Cometeu F. alguma falta grave?

Análise

1. As faltas acima são muito comuns no exercício do trabalho. Ambas se referem ao descumprimento de ordens. No primeiro caso, houve descumprimento de uma ordem genérica da empresa – trata-se da indisciplina. No segundo, o empregado descumpre uma ordem específica, pessoal – ocorre a insubordinação.

2. A partir da explicação acima, fica claro que, tanto na letra "a" quanto na "b", pode haver a dispensa por justa causa. Na primeira, houve indisciplina. Na segunda, insubordinação.

Abandono de emprego

S. é enfermeira no Hospital H. First Ltda. Nesta segunda-feira, completaram-se trinta dias de faltas de S. O diretor do hospital está em dúvida sobre qual procedimento tomar, tendo ouvido falar que, nesses casos, deve-se publicar um aviso de abandono de emprego no jornal local. Como advogado do hospital, qual deve ser o procedimento a ser tomado para a dispensa de S.?

Análise

1. Para que seja caracterizado o abandono de emprego, dois elementos devem ser considerados: o subjetivo e o objetivo. O primeiro é a intenção, a vontade do empregado de romper o contrato de trabalho.

O segundo configura-se a partir das faltas do empregado (de acordo com a Súmula n.º 32 do TST, trinta dias de faltas).

2. Esse prazo de trinta dias pode ser reduzido, se ficar constatado que houve abandono com base no primeiro elemento, ou seja, com base na vontade do empregado de abandonar o emprego (exemplo: empregado é contratado por outro empregador para o mesmo horário de trabalho). Para que ocorra a dispensa por abandono com base no elemento subjetivo (intenção do empregado), caberá ao empregador comprovar essa "vontade de abandonar", o que nem sempre é fácil. No caso de ausência do empregado por mais de trinta dias, presume-se que houve o abandono.

3. No caso de S., baseando-se na jurisprudência, pode-se afirmar que avisos publicados em órgãos da imprensa não possuem validade, pois o empregado tem poucas chances de tomar conhecimento. O mais correto seria o envio de um telegrama pessoal com aviso de recebimento à residência do empregado, informando-o sobre sua infração e convocando-o de volta ao trabalho. Caso não retorne, estará caracterizada falta grave de abandono de emprego. Cabe ressaltar, porém, que, caso S. tenha manifestado claramente, de alguma forma, seu desejo de abandonar o emprego (por exemplo, se já estiver empregada em outro estabelecimento), pode haver a dispensa por justa causa, com base no elemento subjetivo.

Ato lesivo à honra e à boa fama e ofensas físicas

> Toda sexta-feira, na loja de colchões M. Ltda., há uma reunião entre toda a equipe de vendedores e gerentes. Na última sexta-feira, o vendedor E., revoltado com o sistema de metas, xingou o gerente geral com palavras de baixo calão e virou a mesa em cima dele, tendo sido contido por seus colegas. Imediatamente após o ocorrido, o gerente telefona para você,

perguntando se agiu corretamente ao ter dispensado E. por justa causa. Qual é a sua resposta?

Análise

1. O ato lesivo à honra e à boa fama será justa causa, exceto quando exercido em legítima defesa própria ou de outra pessoa. A injúria, a calúnia e a difamação compõem essa falta grave. Quanto às ofensas físicas, vale também a seguinte regra: em caso de legítima defesa própria ou de outrem, não há de se falar em justa causa. Em ambas, o ato deve ser ligado ao serviço, mesmo que ocorra fora do local de trabalho.

2. No problema apresentado, agiu bem o gerente ao dispensar E. por justa causa, já que o trabalhador, além de xingá-lo, agrediu-o fisicamente. Logo, resta impossibilitada a convivência no ambiente de trabalho.

Prática constante de jogos de azar

> B. é contador na empresa de consultoria F.Y.T. Ele, além de outras atribuições, é responsável pelo setor de acompanhamento de novidades legislativas na área tributária. Entretanto, todos os dias, em vez de utilizar a Internet para a consulta a *sites* especializados na área tributária, ele a utiliza para jogar pôquer e roleta com outros usuários do Brasil e do mundo. Ele já foi punido por sua prática reiterada, mas continua jogando todos os dias, o que está afetando sua produtividade. B. está cometendo alguma falta grave?

Análise

Essa falta grave será cometida quando houver uma "prática constante", ou seja, reiterada de jogos de azar que venha a afetar a prestação do trabalho por parte do empregado. Tais jogos são aqueles em que a sorte é fator determinante do resultado. Caso não haja a habitualidade, não se configura a justa causa.

E o assédio sexual?

Embora não previsto especificamente no artigo 482 da CLT, o assédio sexual pode ser considerado uma falta grave. A questão é onde enquadrá-lo. A jurisprudência varia no seu entendimento. Para alguns, seria um caso de incontinência de conduta. Para outros, poderia ser enquadrado no mau procedimento, já que esse tipo é amplo. Em outros casos, o assédio sexual foi enquadrado como ato lesivo à honra e à boa fama. Independentemente do enquadramento, se estiver clara a prática do assédio, a dispensa por justa causa será corretamente aplicada, atendendo ao senso de justiça.

EXTINÇÃO POR ATO DO EMPREGADO
Pedido de demissão

> Seu amigo Lúcio, proprietário da loja B. Xis Ltda., tem um funcionário que visivelmente deseja sair do seu emprego. No entanto, em vez de pedir demissão, ele tem agido de forma desleixada, objetivando ser dispensado sem justa causa. Lúcio liga para você perguntando qual a melhor conduta em relação a esse empregado.

Teoria

O empregado tem liberdade para escolher se permanece no emprego ou não. O pedido de demissão (que, a rigor, não é um "pedido", já que o trabalhador comunica seu desejo de sair do emprego) é um aviso. Como já estudamos, o empregado deve dar o aviso prévio de trinta dias para o empregador. Caso ele tenha arranjado um novo emprego, não precisará cumprir o aviso prévio, conforme a Súmula n.º 276 do TST.

Estudo do caso

COAÇÃO – Pedido de Demissão. Se, apesar de caracterizada a desídia do autor no desempenho de suas funções, inclusive confessado por este em seu depoimento de que vinha faltando reiteradamente ao serviço sem justificação, a reclamada em vez de dispensá-lo por justa causa tenha optado por adotar procedimento ilícito, qual seja o de pressionar o empregado a pedir demissão e renunciar à estabilidade, usando de ameaça de rebaixamento de função e redução de salários, correta a r. sentença que declarou a nulidade do pedido de demissão do autor, correspondendo, tal atitude da reclamada, ao perdão das faltas do obreiro e tentativa de burlar as leis trabalhistas, o que é vedado (artigos 9.º e 468 da CLT) (TRT 10.ª R. – RO 3.563/96 – 3.ª T. – Rel. Juiz Marcos Roberto Pereira – DJU 28.11.1997).

Análise

1. O caso acima é importante por envolver vários temas de Direito do Trabalho. Trata-se de um empregado estável e que, portanto, não podia ser dispensado sem justa causa. No decorrer do caso, constatou-se que o funcionário era desidioso. Portanto, ele poderia ter sido dispensado por justa causa (art. 482, CLT), mesmo tendo a garantia de emprego, pois, como já visto, esta só impede a dispensa arbitrária. Contudo, o empregador, em vez de dispensá-lo por justa causa, preferiu forçar o empregado estável a pedir demissão e renunciar à estabilidade.

2. A Justiça do Trabalho, então, condenou o empregador, pois jamais houve intenção do empregado em pedir demissão. O que o empregador deveria ter feito era dispensar o funcionário estável por justa causa, em razão da desídia, jamais agir de forma que fraudasse um pedido de demissão, já que essa intenção não existia por parte do empregado.

3. No problema de Lúcio, se o mesmo está agindo com desídia, ele deve ser dispensado por justa causa. Não pode o empregado agir com descuido, falta de zelo, somente com o intuito de forçar uma dispensa sem justa causa, visando ganhar as verbas mais vantajosas desse tipo de dispensa. Se o desejo do funcionário é deixar o emprego, deve pedir demissão, jamais "fazer corpo mole" com o objetivo de ser dispensado sem justa causa. Lúcio deve, então, punir o empregado com advertências, suspensões e, em último caso, deve dispensá-lo por justa causa (desídia).

Rescisão indireta

Para melhor aproveitamento deste item, utilizaremos o mesmo método do estudo da justa causa, já que a rescisão indireta nada mais é do que o rompimento do contrato pelo empregado quando o empregador comete alguma falta grave prevista na lei (no caso, o art. 483, CLT). Muitas vezes, os leigos se referem a ela como a "justa causa do patrão". Passaremos a analisar cada uma das faltas graves que podem ensejar o rompimento justificado do contrato pelo empregado. Antes disso, no entanto, deve-se salientar que, como o empregado não deu causa ao término da relação de emprego, ele receberá todas as verbas rescisórias, como se fosse uma dispensa sem justa causa feita pelo empregador.

Outra dúvida muito comum diz respeito à concretização desse rompimento por justa causa do empregador. Se o empregado a comete, é simples: o empregador o demite. E no caso em que o empregador comete falta grave? Pode o empregado confrontá-lo, acusando-o de ter cometido uma justa causa? Obviamente não seria assim, até pela posição mais enfraquecida do empregado na relação de emprego. Caberá, então, ao empregado suspender a prestação dos serviços e ajuizar uma ação perante a Justiça do Trabalho para pleitear as verbas a que tem direito. Em caso de não-cumprimento pelo empregador das obrigações contratuais e na redução de tarefa ou peça que implique diminuição de salário, o empregado pode ou não permanecer no serviço até a final decisão do processo, como dispõe a própria CLT, no artigo 483, § 3.º.

EXTINÇÃO DO CONTRATO DE TRABALHO

Passemos ao estudo das hipóteses de rescisão indireta do contrato de trabalho.

Serviços superiores às forças do empregado

> Vânia foi contratada como auxiliar de serviços gerais da fábrica de cimento H. Durante seu contrato de trabalho, seu empregador vem exigindo-lhe que carregue continuamente materiais pesando 30 kg. Ela tem sofrido muitos danos com isso. Pode Vânia ajuizar reclamação requerendo a rescisão indireta do seu contrato de trabalho?

Análise

Obviamente, o empregador não pode exigir do empregado serviços superiores às suas forças. O posicionamento mais correto de muitos autores é o de que essa exigência não precisa ser necessariamente física, mas pode também ser intelectual. Parte da doutrina entende, porém, que só se trata de força física, sendo impossível avaliar o potencial intelectual.

No caso acima, a agressão está mais do que evidente, tendo em vista que a CLT, no artigo 390, veda a exigência de serviço da mulher que demande o emprego de força muscular superior a 20 quilos para o trabalho contínuo ou 25 quilos para o trabalho ocasional.

Serviços defesos em lei

> Ivan trabalha na empresa de ônibus Tr. Ltda. Ele tem 17 anos de idade. Nas últimas semanas, seu empregador vem impondo-lhe um horário noturno de trabalho. Ivan procura, então, o seu escritório para saber se seu empregador vem agindo corretamente.

Análise

Essa hipótese diz respeito à exigência de serviços proibidos pela legislação.

No caso proposto, temos um exemplo que permite a rescisão indireta, pois o artigo 7.º, inciso XXXIII, da Constituição Federal, dispõe o seguinte:

XXXIII – proibição de trabalho noturno, perigoso ou insalubre a menores de dezoito e de qualquer trabalho a menores de dezesseis anos, salvo na condição de aprendiz, a partir de quatorze anos.

Logo, Ivan, cuja idade é 17 anos, pode requerer a rescisão indireta do contrato de trabalho, já que está prestando serviços defesos em lei.

Serviços contrários aos bons costumes

> Bruna foi contratada pelo Motel Trovão. Após três meses de sua contratação, seu empregador começou a exigir que Bruna tivesse relação sexual com os hóspedes que assim desejassem. Pode Bruna requerer a rescisão indireta?

Análise

O empregador deve oferecer aos seus empregados um ambiente de trabalho sadio em todos os sentidos, inclusive do ponto de vista moral. Logo, caso o serviço exigido seja contrário aos bons costumes, caberá a rescisão indireta.

Bruna poderá pleitear a rescisão indireta, por se tratar de exigência contrária aos bons costumes.

EXTINÇÃO DO CONTRATO DE TRABALHO

Serviços alheios ao contrato

Joana foi contratada para a função de contadora por uma fábrica de calculadoras. Após dois anos de serviços, seus superiores exigiram que Joana começasse a limpar o setor de escritório da empresa. Joana, revoltada, vai até você, advogado, para saber o que pode fazer.

Análise

O empregado deve prestar serviços compatíveis com as finalidades do seu contrato de trabalho. Se houve exigência de serviços alheios ao contrato, o trabalhador poderá requerer a rescisão indireta.

Este é o caso de Joana. Sua contratação era para a função de contadora. Ao desviar seu trabalho para a limpeza dos escritórios, a empresa cometeu falta grave.

Rigor excessivo

Francisco é empregado da fábrica de chocolates HZ Ltda. Ultimamente, seu empregador anda perseguindo-o no ambiente de trabalho, sempre criticando seu trabalho e determinando que seus colegas dêem tapas em sua cabeça todas as vezes que ele comete erros de português nos seus relatórios. Francisco procura você, advogado, para saber se essas atitudes do seu patrão estão corretas.

Análise

O empregador deve tratar o empregado tendo em vista o respeito à dignidade da pessoa humana. A educação no trato, portanto, é uma obrigação na relação contratual. Se o empregador persegue o empregado ou age de forma intolerante, poderá incorrer nessa falta grave.

Não se pode perder de vista, porém, que o trabalho é um bem a ser preservado, ainda mais numa sociedade com altos índices de desemprego ou ocupação informal. Assim, a disciplina não deve ser confundida com o rigor excessivo.

Perigo de mal considerável

> Luciano trabalha na construtora SY Ltda. Jamais recebeu os equipamentos de proteção individual. Nos últimos tempos, a empresa vem lhe dando ordens para que trabalhe em situação de grande risco em razão da altura do prédio em construção. Luciano sente-se extremamente inseguro, já que não tem qualquer equipamento que o proteja de acidentes ou até mesmo de queda. É cabível a rescisão indireta?

Análise

Dispõe o artigo 483 da CLT que o empregado poderá considerar rescindido o contrato quando correr perigo manifesto de mal considerável. O empregador deve fornecer um ambiente de trabalho seguro para seu empregado. Daí a previsão dessa hipótese na lei.

No caso de Luciano, o empregador o está expondo a perigo, já que não lhe forneceu os equipamentos de proteção, ao mesmo tempo em que demandou serviços que poderiam lhe causar mal considerável.

Descumprimento das obrigações do contrato

> Valdir é funcionário da empresa DD S/A desde 2002. Nos últimos 10 meses, a empresa vem atrasando o pagamento de seu salário, e o último atraso durou 90 dias. Valdir sabe que pedir demissão não lhe garantirá todos os seus direitos. Ele, então, procura você, advogado trabalhista, para saber o que ele pode fazer, perguntado se esse seria um caso de rescisão indireta.

Análise

O empregador deve cumprir todas as obrigações do contrato de trabalho, sendo estas entendidas em sentido amplo (obrigações contratuais, legais e previstas em CCT ou ACT).

Valdir poderá pleitear a rescisão indireta, pois estamos diante de um caso de descumprimento da obrigação do pagamento do salário dentro do prazo estipulado na lei. Não se pode esquecer que o salário tem natureza alimentar e o retardo no seu pagamento constitui falta grave cometida pelo empregador.

Ato lesivo da honra e da boa fama

> Sebastião foi contratado pelo restaurante Kometudo Ltda. Na semana passada, seu superior, sr. Antônio, estressado com o grande movimento do seu estabelecimento, perdeu a cabeça quando Sebastião não escutou seu chamado. Antônio começou a xingá-lo de "burro", "vagabundo", "lugar de surdo é debaixo da ponte" e outras palavras de baixo calão. Sebastião foi embora do emprego e foi até o seu escritório para saber o que fazer.

Análise

O empregador deve respeitar o empregado, especialmente no aspecto moral. Caberá essa hipótese de rescisão indireta quando o empregador cometer injúria, calúnia ou difamação, ou seja, agredir a honra e a imagem do trabalhador. A infração pode ser cometida pelo empregador ou seus prepostos. De acordo com o melhor entendimento doutrinário, o ato também pode ser praticado fora do ambiente de trabalho.

Claro está que Sebastião poderá requer a rescisão indireta do contrato de trabalho.

Ofender o empregado fisicamente, salvo legítima defesa

Ainda dentro do caso anterior: E se Antônio agredisse Sebastião fisicamente?

Análise

Este item é um complemento do anterior. Agora, trata-se de agressão física. Se o empregador agiu em legítima defesa, própria ou de outra pessoa, não cometerá essa falta grave. A prova dessa legítima defesa cabe ao empregador.

Reduzir o trabalho por peça ou tarefa do empregado, afetando seu salário

> Adriana recebe salário variável, de acordo com as tarefas que lhe são demandadas pelo empregador. Desde o final do ano passado, a empresa tem reduzido as tarefas encomendadas a Adriana, de modo que seu salário vem caindo consideravelmente, o que lhe causa transtornos familiares. Adriana vem até o seu escritório fazer uma consulta sobre a sua situação. Qual é o seu parecer sobre o assunto?

Análise

O empregador cometerá essa falta grave quando reduzir o trabalho do empregado, sendo este por peça ou por tarefa, de forma que afete sensivelmente a importância dos salários. Obviamente, em se tratando de trabalho por produtividade, a oscilação de salário é normal. O que a lei não permite é a redução considerável do salário, por ato do empregador.

EXTINÇÃO – OUTROS CASOS

Além das modalidades estudadas, existem ainda outros casos de extinção do contrato de trabalho. São elas:

- Culpa recíproca: muito rara, depende de decisão judicial. Ocorrerá quando agirem com culpa tanto empregado quanto empregador.
- Extinção da empresa ou estabelecimento: recebe tratamento idêntico à dispensa sem justa causa, exceto nos casos de força maior (em que há redução da multa do FGTS de 40% para 20% – art. 502) e por força do *factum principis*, que é a paralisação temporária ou definitiva do trabalho em razão de ato de autoridade (municipal, estadual ou federal) ou mesmo pela promulgação de lei ou resolução que impossibilite a continuação da atividade. Nessa hipótese, o pagamento da indenização ficará a cargo do governo responsável. A jurisprudência, contudo, raramente acolhe essa modalidade, considerando que o risco do negócio abrangeria as modificações e medidas legais do Estado.
- Morte do empregado: não serão devidas todas as verbas relativas à dispensa sem justa causa. Serão devidos o 13.º salário proporcional e as férias proporcionais. O FGTS será liberado para os dependentes do trabalhador, sem a multa de 40%.
- Morte do empregador pessoa física: se houver sucessão, o contrato continua em vigência. Se o empregado quiser dar por terminado o contrato, a lei lhe dá essa faculdade. Nesse caso, o empregado poderá sacar o FGTS, sem a multa de 40%. Receberá, ainda, o 13.º proporcional e as férias proporcionais. Caso implique o fechamento do empreendimento, todas as verbas serão devidas ao empregado: aviso prévio, 13.º proporcional, férias proporcionais, liberação do FGTS com a multa de 40%.

Vale lembrar que os direitos adquiridos pelo empregado lhe serão devidos, como o saldo de salário e as férias vencidas, em qualquer das hipóteses anteriores.

O quadro abaixo ilustra as verbas devidas ao empregado nas principais hipóteses de extinção do contrato de trabalho. Quanto ao pagamento das férias proporcionais, adotamos o critério estabelecido na Convenção n.º 132 da OIT.

	Saldo de salário	Aviso prévio	13.º salário	Férias proporcionais (de acordo com a Convenção 132 da OIT)	Férias vencidas*	Saque do FGTS	Multa do FGTS
Pedido de demissão	Sim	Sim	Sim	Sim	Sim	Não	Não
Dispensa sem justa causa	Sim	Sim	Sim	Sim	Sim	Sim	Sim
Dispensa por justa causa	Sim	Não	Não	Sim	Sim	Não	Não
Término do contrato de experiência	Sim	Não	Sim	Sim	Não	Sim	Não
Rescisão indireta	Sim	Sim	Sim	Sim	Sim	Sim	Sim
Morte do empregado	Sim	Não	Sim	Sim	Sim	Sim	Não

* As férias vencidas serão devidas somente quando o período aquisitivo de 12 meses se esgotar e o empregado for dispensado sem que o empregador lhe conceda as férias. Assim, quando o contrato durar menos de um ano, não haverá tal direito.

ANEXOS

ANEXO I – NOÇÕES DE DIREITO COLETIVO DO TRABALHO

Existem vários modos de solução de conflitos trabalhistas. Muitas vezes, o cidadão comum, quando pensa em Direito do Trabalho, tem em mente os processos de ex-empregados em face de seus antigos empregadores perante a Justiça do Trabalho. No entanto, além dos conflitos individuais (nos quais temos o empregado e o empregador singularmente considerados), existem os conflitos coletivos, nos quais estão envolvidos sujeitos não individualizados, mas grupos de pessoas indeterminadas representadas pelos sindicatos.

O leitor atento vai perceber que, no decorrer desta obra, o estudo foi concentrado no Direito Individual do Trabalho, cujo enfoque é a relação entre empregado e empregador singularmente considerados, especialmente a regulação do contrato de trabalho. Contudo, outro campo de estudo existe: o Direito Coletivo do Trabalho, que visa regular as relações entre organizações coletivas de empregados e empregadores.

Por isso, alguns conceitos devem ser brevemente analisados.

- Sindicato: de acordo com Otávio Bueno Magano, é uma *associação de pessoas físicas ou jurídicas, que exercem atividade profissional ou econômica, para a defesa dos respectivos interesses*. O sistema brasileiro baseia-se na unicidade sindical, que significa que, em um território, não inferior à área de um município, somente pode haver um sindicato representativo de uma categoria.
- Convenção Coletiva de Trabalho (CCT): é um negócio jurídico, de caráter normativo, que abrange não só os associados do sindicato, mas toda a categoria por ele representada. Suas cláusulas passam a integrar o contrato de trabalho individual dos empregados. Está sujeita a prazo de validade não superior a dois anos.
- Acordo Coletivo do Trabalho (ACT): segundo a CLT, é *facultado aos sindicatos representativos de categorias profissionais celebrar acordos coletivos com uma ou mais empresas da correspondente categoria econômica, que estipulem condições de trabalho, aplicáveis no âmbito*

da empresa ou das empresas acordantes às respectivas relações de trabalho (art. 611, § 1.º, CLT). As diferenças entre ACT e CCT são as seguintes: na primeira (ACT), não é parte o sindicato no pólo dos empregadores, enquanto na CCT tal sindicato é sujeito. Por conta disso, a CCT é mais abrangente que o ACT.

- Greve: de acordo com a Lei n.º 7.783/89, é a *suspensão coletiva, temporária e pacífica, total ou parcial, de prestação pessoal de serviços a empregador* (art. 2.º).

ANEXO II – O "CUSTO BRASIL" E O DIREITO DO TRABALHO

A partir dos estudos apresentados na obra *Administração do risco trabalhista*[1], transcrevemos os cálculos do "custo Brasil" apresentados pelos autores em valor percentual de salário mensal:

> (i) 13.º salário: 1/12 avos de um salário mensal ou 8,33%
> (ii) Férias: 1/12 avos de um salário mensal ou 8,33%
> (iii) Bônus de férias: 1/3 de 1/12 avos de um salário mensal ou 2,78%
> (iv) Depósito do FGTS: 8,5% de um salário
> (v) Indenização por rescisão imotivada: 50% de (iv) ou 4,25%
> (vi) Contribuição previdenciária: 27%
> (vii) Contribuição previdenciária sobre 13.º salário e bônus de férias = 27% de [8,33% + 2,78%] = 27% de 11,11% = 3%
> (viii) Contribuição previdenciária sobre férias = 27% de 8,33% = 2,24%
> (ix) FGTS e indenização por despedida imotivada sobre 13.º salário e bônus de férias = [8,5% + 4,25%] de 11,11% = 12,75% de 11,11% = 1,42%
> (x) FGTS e indenização por despedida imotivada sobre férias = [8,5% + 4,25%] de 8,33% = 12,75% de 8,33% = 1,04%
> **Total 1:** 55,28% (sem férias ou sem computar itens ii, viii e x)
> **Total 2:** 66,89% (incluindo férias)

Os autores seguem e ensinam a utilização prática dos percentuais acima. Numa reclamação trabalhista em que um consultor, que trabalhou com remuneração mensal de R$ 12.000,00, venha a pleitear o reconhecimento do vínculo empregatício, pode-se determinar o passivo envolvido no processo aplicando-se o percentual de 55,28% ao total da remuneração paga ao indivíduo durante seu contrato com a empresa. Consideremos um período de dezoito meses. O passivo

---

[1] MIGLIORA, L. G. M. R.; VEIGA, L. F. T. *Administração do risco trabalhista*. Rio de Janeiro: Lumen Júris, 2003.

seria de 55,28% de R$ 216.000,00 – valor pago durante todo o contrato do consultor –, totalizando R$ 119.404,80 (sem multas, juros ou correções). Caso o empregado alegue que não tenha usufruído férias, o percentual passa a ser aquele previsto no campo "Total 2". Logo, 66,89% de R$ 216.000,00 ou R$ 144.482,40.

Os cálculos acima nos alertam para alguns pontos importantes. O passivo trabalhista pode ser fatal para uma empresa, daí a importância de uma consultoria preventiva nessa área. Em segundo lugar, uma redução inteligente do "custo Brasil" na contratação de empregados deve ser preocupação de toda a sociedade, a fim de diminuir os índices de desemprego e informalidade, em que milhões de cidadãos ficam à margem da proteção social dada pelo Estado. Daí o debate sobre a flexibilização das normas trabalhistas.

ANEXO III – QUESTÕES

Assinale **V** para verdadeiro e **F** para falso:
1. O trabalho assalariado surge com a Revolução Industrial. ( )
2. São exemplos do trabalho participativo a co-gestão e a participação nos lucros. ( )
3. A verba paga a título de participação nos lucros tem natureza salarial. ( )
4. As convenções e os acordos coletivos de trabalho são fontes autônomas do Direito do Trabalho, ou seja, são criadas pelas próprias partes a quem se destinam. ( )
5. As principais normas trabalhistas em nível internacional são aquelas emanadas da OIT (convenções e recomendações). ( )
6. O princípio da proteção consagra a igualdade existente na relação entre empregado e empregador. ( )
7. De acordo com o princípio da norma mais favorável, deve-se aplicar a norma que for mais benéfica ao trabalhador, exceto quando a norma inferior enfrentar disposição constitucional. ( )
8. De acordo com o princípio da continuidade, o empregador deve, preferencialmente, contratar o trabalhador por prazo determinado. ( )
9. O princípio da primazia da realidade é essencial para o Direito do Trabalho, já que o contrato de trabalho é um contrato-realidade. ( )
10. Os direitos trabalhistas são, em regra, irrenunciáveis. ( )
11. O contrato de trabalho pode ser estipulado tácita ou expressamente. ( )
12. O contrato de trabalho pressupõe forma específica estipulada pela CLT. ( )
13. O menor de 16 anos é absolutamente incapaz para fins trabalhistas. ( )
14. Um dos requisitos da relação de emprego é a exclusividade do empregado em relação ao empregador. ( )

15. O elemento que determina a diferença entre o representante comercial e o vendedor-empregado é a subordinação. ( )
16. O contrato de trabalho deve ter objeto lícito. Portanto, o trabalhador em jogo do bicho, de acordo com o entendimento majoritário, não deve receber qualquer proteção trabalhista. ( )
17. O trabalho proibido tem necessariamente objeto ilícito. ( )
18. O trabalho prestado por menor de 16 anos, que não seja aprendiz, é um exemplo de trabalho proibido. ( )
19. A finalidade do estágio é o aprendizado do estudante, havendo a obrigatória interveniência da instituição de ensino. Logo, não tem o estagiário uma relação de emprego. ( )
20. O empregado pode ser pessoa física ou jurídica que presta serviço de natureza não eventual, para empregador e subordinado a ele, mediante pagamento de salário. ( )
21. O empregado doméstico não é regido pelas normas da CLT. ( )
22. O empregado doméstico presta serviços sem finalidade lucrativa à pessoa ou à família, no âmbito residencial destas. ( )
23. O caseiro de uma granja usada por uma família exclusivamente para lazer, sem fins lucrativos, é considerado empregado doméstico. ( )
24. O empregado em domicílio não tem qualquer subordinação. ( )
25. As empresas componentes do grupo econômico são subsidiariamente responsáveis em caso de inadimplemento da empresa empregadora. ( )
26. Caso um empregado trabalhe para duas empresas do mesmo grupo econômico, durante a mesma jornada, necessariamente deverão existir dois contratos de trabalho. ( )
27. O contrato de trabalho só é personalíssimo em relação ao empregado. Logo, havendo alteração na propriedade da empresa, os contratos de trabalho e os direitos adquiridos são respeitados. ( )

28. Em caso de inadimplemento por parte do empregador, na terceirização, a responsabilidade recai sobre a empresa contratante. ( )
29. Na terceirização, a Administração Pública terá responsabilidade subsidiária, podendo até ser declarado o vínculo empregatício do trabalhador terceirizado com a Administração Pública em caso de terceirização ilegal. ( )
30. O contrato de experiência pode ser pactuado por até três meses. ( )
31. Os contratos por prazo determinado previstos na CLT só podem sofrer uma prorrogação. Havendo mais de uma, o contrato passará a ser por prazo indeterminado. ( )
32. Os contratos de trabalho podem ser alterados unilateralmente pelo empregador, já que se trata de uma relação privada. ( )
33. As pequenas alterações, não significativas, que o empregador pode fazer durante o contrato de trabalho compõem o chamado *jus variandi*. ( )
34. Em caso de transferência definitiva, não é devido o adicional de 25%. ( )
35. O empregado em cargo de confiança pode ser revertido para seu cargo efetivo, desde que não seja desrespeitado o princípio da estabilidade econômica do empregado, medido pelo tempo em que o empregado exerceu o cargo de confiança. ( )
36. Os empregados domésticos não estão sujeitos à limitação de jornada estabelecida na Constituição da República. ( )
37. Entre duas jornadas de trabalho, deve haver um descanso de, no mínimo, dez horas para o trabalhador. ( )
38. Quando a jornada ultrapassar quatro horas, não excedendo seis horas, o intervalo deverá ser de quinze minutos. ( )
39. Para a jornada acima de seis horas, o intervalo deverá ser necessariamente de duas horas. ( )

40. O acordo de compensação pode ser firmado tacitamente entre empregado e empregador. ( )
41. De acordo com a CLT, compreendem-se na remuneração, além do salário do empregado, as gorjetas que receber. ( )
42. As diárias para viagem, quando pagas de forma fixa, excedendo a 50% da remuneração do empregado, têm natureza salarial. ( )
43. Caso as diárias sejam fraudulentas, integrarão o salário por seu valor total e não somente pelo que exceder a 50%. ( )
44. O salário *in natura* é aquele pago em utilidades para o empregado. ( )
45. Se a utilidade for fornecida para o trabalho, será considerada salário *in natura*. ( )
46. O salário pode sofrer os descontos que o empregador entender cabíveis. ( )
47. Existe equiparação salarial para empregados que trabalhem para a mesma empresa, embora em localidades diferentes. ( )
48. O dirigente sindical tem estabilidade provisória desde o registro da candidatura até um ano após o término do mandato. ( )
49. O contrato de experiência é incompatível com o direito de estabilidade da gestante. ( )
50. Um acidente no trabalho que afaste o empregado por dois dias gera a este o direito à estabilidade acidentária. ( )
51. O aviso prévio também é devido na dispensa por justa causa. ( )
52. O horário de trabalho será diminuído de duas horas diárias ou sete dias corridos, por faculdade do empregador. ( )
53. O empregado dispensado sem justa causa tem direito de sacar os depósitos do FGTS. ( )
54. O empregado dispensado por justa causa tem direito de sacar os depósitos do FGTS. ( )
55. Caso o empregador tome conhecimento da falta cometida, ele pode punir no momento que entender mais apropriado. ( )

56. O desregramento do empregado em sua vida sexual configura a falta grave "incontinência de conduta". ( )
57. O empregado que for condenado criminalmente, com sentença transitada em julgado, poderá ser dispensado por justa causa somente quando o cumprimento da pena impedir a prestação dos serviços. ( )
58. O descumprimento de uma ordem genérica da empresa configura a insubordinação do empregado. Quando a ordem for pessoal, trata-se de indisciplina. ( )
59. O abandono de emprego está configurado após vinte dias de ausência do empregado. ( )
60. Em caso de morte do empregado, serão devidas todas as verbas como se fosse uma dispensa sem justa causa. ( )

ANEXO IV – EXCERTOS NORMATIVOS
Constituição da República Federativa do Brasil

ARTIGOS SELECIONADOS DA CONSTITUIÇÃO DA REPÚBLICA FEDERATIVA DO BRASIL
Art. 7.º São direitos dos trabalhadores urbanos e rurais, além de outros que visem à melhoria de sua condição social:
I – relação de emprego protegida contra despedida arbitrária ou sem justa causa, nos termos de lei complementar, que preverá indenização compensatória, dentre outros direitos;
II – seguro-desemprego, em caso de desemprego involuntário;
III – fundo de garantia do tempo de serviço;
IV – salário mínimo, fixado em lei, nacionalmente unificado, capaz de atender a suas necessidades vitais básicas e às de sua família com moradia, alimentação, educação, saúde, lazer, vestuário, higiene, transporte e previdência social, com reajustes periódicos que lhe preservem o poder aquisitivo, sendo vedada sua vinculação para qualquer fim;
V – piso salarial proporcional à extensão e à complexidade do trabalho;
VI – irredutibilidade do salário, salvo o disposto em convenção ou acordo coletivo;
VII – garantia de salário, nunca inferior ao mínimo, para os que percebem remuneração variável;
VIII – décimo terceiro salário com base na remuneração integral ou no valor da aposentadoria;
IX – remuneração do trabalho noturno superior à do diurno;
X – proteção do salário na forma da lei, constituindo crime sua retenção dolosa;
XI – participação nos lucros, ou resultados, desvinculada da remuneração, e, excepcionalmente, participação na gestão da empresa, conforme definido em lei;
XII – salário-família pago em razão do dependente do trabalhador de baixa renda nos termos da lei; (Inciso com a redação dada pela Emenda Constitucional n.º 20, de 15.12.98 – DOU 16.12.98.)

XIII – duração do trabalho normal não superior a oito horas diárias e quarenta e quatro semanais, facultada a compensação de horários e a redução da jornada, mediante acordo ou convenção coletiva de trabalho;
XIV – jornada de seis horas para o trabalho realizado em turnos ininterruptos de revezamento, salvo negociação coletiva;
XV – repouso semanal remunerado, preferencialmente aos domingos;
XVI – remuneração do serviço extraordinário superior, no mínimo, em cinqüenta por cento à do normal;
XVII – gozo de férias anuais remuneradas com, pelo menos, um terço a mais do que o salário normal;
XVIII – licença à gestante, sem prejuízo do emprego e do salário, com a duração de cento e vinte dias;
XIX – licença-paternidade, nos termos fixados em lei;
XX – proteção do mercado de trabalho da mulher, mediante incentivos específicos, nos termos da lei;
XXI – aviso prévio proporcional ao tempo de serviço, sendo no mínimo de trinta dias, nos termos da lei;
XXII – redução dos riscos inerentes ao trabalho, por meio de normas de saúde, higiene e segurança;
XXIII – adicional de remuneração para as atividades penosas, insalubres ou perigosas, na forma da lei;
XXIV – aposentadoria;
XXV – assistência gratuita aos filhos e dependentes desde o nascimento até seis anos de idade em creches e pré-escolas;
XXVI – reconhecimento das convenções e acordos coletivos de trabalho;
XXVII – proteção em face da automação, na forma da lei;
XXVIII – seguro contra acidentes de trabalho, a cargo do empregador, sem excluir a indenização a que este está obrigado, quando incorrer em dolo ou culpa;

XXIX – ação, quanto aos créditos resultantes das relações de trabalho, com prazo prescricional de cinco anos para os trabalhadores urbanos e rurais, até o limite de dois anos após a extinção do contrato de trabalho; (Retificado) (Inciso com a redação dada pela Emenda Constitucional n.º 28, de 25.5.2000 – DOU 26.5.00.)
a) (Revogada pela Emenda Constitucional n.º 28, de 25.5.2000 – DOU 26.5.00.)
b) (Revogada pela Emenda Constitucional n.º 28, de 25.5.2000 – DOU 26.5.00.)
XXX – proibição de diferença de salários, de exercício de funções e de critério de admissão por motivo de sexo, idade, cor ou estado civil;
XXXI – proibição de qualquer discriminação no tocante a salário e critérios de admissão do trabalhador portador de deficiência;
XXXII – proibição de distinção entre trabalho manual, técnico e intelectual ou entre os profissionais respectivos;
XXXIII – proibição de trabalho noturno, perigoso ou insalubre a menores de dezoito e de qualquer trabalho a menores de dezesseis anos, salvo na condição de aprendiz, a partir de quatorze anos; (Inciso com a redação dada pela Emenda Constitucional n.º 20, de 15.12.98 – DOU 16.12.98.)
XXXIV – igualdade de direitos entre o trabalhador com vínculo empregatício permanente e o trabalhador avulso.
Parágrafo único. São assegurados à categoria dos trabalhadores domésticos os direitos previstos nos incisos IV, VI, VIII, XV, XVII, XVIII, XIX, XXI e XXIV, bem como a sua integração à previdência social.

Art. 8.º É livre a associação profissional ou sindical, observado o seguinte:
I – a lei não poderá exigir autorização do Estado para a fundação de sindicato, ressalvado o registro no órgão competente, vedadas ao Poder Público a interferência e a intervenção na organização sindical;

II – é vedada a criação de mais de uma organização sindical, em qualquer grau, representativa de categoria profissional ou econômica, na mesma base territorial, que será definida pelos trabalhadores ou empregadores interessados, não podendo ser inferior à área de um Município;
III – ao sindicato cabe a defesa dos direitos e interesses coletivos ou individuais da categoria, inclusive em questões judiciais ou administrativas;
IV – a assembléia geral fixará a contribuição que, em se tratando de categoria profissional, será descontada em folha, para custeio do sistema confederativo da representação sindical respectiva, independentemente da contribuição prevista em lei;
V – ninguém será obrigado a filiar-se ou a manter-se filiado a sindicato;
VI – é obrigatória a participação dos sindicatos nas negociações coletivas de trabalho;
VII – o aposentado filiado tem direito a votar e ser votado nas organizações sindicais;
VIII – é vedada a dispensa do empregado sindicalizado a partir do registro da candidatura a cargo de direção ou representação sindical e, se eleito, ainda que suplente, até um ano após o final do mandato, salvo se cometer falta grave nos termos da lei.
Parágrafo único. As disposições deste artigo aplicam-se à organização de sindicatos rurais e de colônias de pescadores, atendidas as condições que a lei estabelecer.

CLT
ARTIGOS SELECIONADOS DA CONSOLIDAÇÃO DAS LEIS DO TRABALHO – Decreto-Lei n.º 5.452, de 1.º de maio de 1943
Art. 1.º Esta Consolidação estatui as normas que regulam as relações individuais e coletivas de trabalho, nela previstas.
Art. 2.º Considera-se empregador a empresa, individual ou coletiva, que, assumindo os riscos da atividade econômica, admite, assalaria e dirige a prestação pessoal de serviços.

§ 1.º Equiparam-se ao empregador, para os efeitos exclusivos da relação de emprego, os profissionais liberais, as instituições de beneficência, as associações recreativas ou outras instituições sem fins lucrativos, que admitirem trabalhadores como empregados.

§ 2.º Sempre que uma ou mais empresas, tendo, embora, cada uma delas, personalidade jurídica própria, estiverem sob a direção, controle ou administração de outra, constituindo grupo industrial, comercial ou de qualquer outra atividade econômica, serão, para os efeitos da relação de emprego, solidariamente responsáveis a empresa principal e cada uma das subordinadas.

Art. 3.º Considera-se empregado toda pessoa física que prestar serviços de natureza não eventual a empregador, sob a dependência deste e mediante salário.

Parágrafo único. Não haverá distinções relativas à espécie de emprego e à condição de trabalhador, nem entre o trabalho intelectual, técnico e manual.

(...)

Art. 6.º Não se distingue entre o trabalho realizado no estabelecimento do empregador e o executado no domicílio do empregado, desde que esteja caracterizada a relação de emprego.

Art. 7.º Os preceitos constantes da presente Consolidação, salvo quando for, em cada caso, expressamente determinado em contrário, não se aplicam:

a) aos empregados domésticos, assim considerados, de um modo geral, os que prestam serviços de natureza não-econômica à pessoa ou à família, no âmbito residencial destas;

b) aos trabalhadores rurais, assim considerados aqueles que, exercendo funções diretamente ligadas à agricultura e à pecuária, não sejam empregados em atividades que, pelos métodos de execução dos respectivos trabalhos ou pela finalidade de suas operações, se classifiquem como industriais ou comerciais;

c) aos funcionários públicos da União, dos Estados e dos Municípios e aos respectivos extranumerários em serviço nas próprias repartições; (Alínea com redação dada pelo Decreto-lei n.º 8.079, 11.10.1945.)
d) aos servidores de autarquias paraestatais, desde que sujeitos a regime próprio de proteção ao trabalho que lhes assegure situação análoga à dos funcionários públicos. (Alínea com redação dada pelo Decreto-lei n.º 8.079, 11.10.1945.)
e) Alínea suprimida pelo Decreto-lei n.º 8.079, 11.10.1945: Texto original: aos empregados das empresas de propriedade da União Federal, quando por esta ou pelos Estados administradas, salvo em se tratando daquelas cuja propriedade ou administração resultem de circunstâncias transitórias. (Redação dada pelo Decreto-lei n.º 6.353, de 20.3.1944.)

(...)

Art. 9.º Serão nulos de pleno direito os atos praticados com o objetivo de desvirtuar, impedir ou fraudar a aplicação dos preceitos contidos na presente Consolidação.

Art. 10. Qualquer alteração na estrutura jurídica da empresa não afetará os direitos adquiridos por seus empregados.

(...)

Art. 58. A duração normal do trabalho, para os empregados em qualquer atividade privada, não excederá de oito horas diárias, desde que não seja fixado expressamente outro limite.

§ 1.º Não serão descontadas nem computadas como jornada extraordinária as variações de horário no registro de ponto não excedentes de cinco minutos, observado o limite máximo de dez minutos diários. (Parágrafo acrescentado pela Lei n.º 10.243, de 19.6.2001 – DOU 20.6.2001.)

§ 2.º O tempo despendido pelo empregado até o local de trabalho e para o seu retorno, por qualquer meio de transporte, não será computado na jornada de trabalho, salvo quando, tratando-se de local de difícil acesso ou não servido por transporte público, o empregador fornecer a condução. (Parágrafo acrescentado pela Lei n.º 10.243, de 19.6.2001 – DOU 20.6.2001.)

Art. 58-A. Considera-se trabalho em regime de tempo parcial aquele cuja duração não exceda a vinte e cinco horas semanais.

§ 1.º O salário a ser pago aos empregados sob o regime de tempo parcial será proporcional à sua jornada, em relação aos empregados que cumprem, nas mesmas funções, tempo integral.

§ 2.º Para os atuais empregados, a adoção do regime de tempo parcial será feita mediante opção manifestada perante a empresa, na forma prevista em instrumento decorrente de negociação coletiva.

Art. 59. A duração normal do trabalho poderá ser acrescida de horas suplementares, em número não excedente de duas, mediante acordo escrito entre empregador e empregado, ou mediante contrato coletivo de trabalho.

§ 1.º Do acordo ou do contrato coletivo de trabalho deverá constar, obrigatoriamente, a importância da remuneração da hora suplementar, que será pelo menos 50% (cinqüenta por cento) superior à da hora normal.

§ 2.º Poderá ser dispensado o acréscimo de salário se, por força de acordo ou convenção coletiva de trabalho, o excesso de horas em um dia for compensado pela correspondente diminuição em outro dia, de maneira que não exceda, no período máximo de um ano, à soma das jornadas semanais de trabalho previstas, nem seja ultrapassado o limite máximo de dez horas diárias. (Parágrafo com redação dada pela MP n.º 2.075/2001, renumerada para 2.164/2001.)

§ 3.º Na hipótese de rescisão do contrato de trabalho sem que tenha havido a compensação integral da jornada extraordinária, na forma do parágrafo anterior, fará o trabalhador jus ao pagamento das horas extras não compensadas, calculadas sobre o valor da remuneração na data da rescisão. (Parágrafo acrescentado pelo artigo 6.º da Lei n.º 9.601, de 21.1.98 – DOU 22.1.98.)

§ 4.º Os empregados sob o regime de tempo parcial não poderão prestar horas extras. (Parágrafo acrescentado pela MP n.º 2.075/2001, renumerada para 2.164/2001.)
(...)
Art. 61. Ocorrendo necessidade imperiosa, poderá a duração do trabalho exceder do limite legal ou convencionado, seja para fazer face a motivo de força maior, seja para atender à realização ou conclusão de serviços inadiáveis ou cuja inexecução possa acarretar prejuízo manifesto.

§ 1.º O excesso, nos casos deste artigo, poderá ser exigido independentemente de acordo ou contrato coletivo e deverá ser comunicado, dentro de dez dias, à autoridade competente em matéria de trabalho, ou, antes desse prazo, justificado no momento da fiscalização sem prejuízo dessa comunicação.

§ 2.º Nos casos de excesso de horário por motivo de força maior, a remuneração da hora excedente não será inferior à da hora normal. Nos demais casos de excesso previstos neste artigo, a remuneração será, pelo menos, 25% (vinte e cinco por cento) superior à da hora normal, e o trabalho não poderá exceder de doze horas, desde que a lei não fixe expressamente outro limite.

§ 3.º Sempre que ocorrer interrupção do trabalho, resultante de causas acidentais, ou de força maior, que determinem a impossibilidade de sua realização, a duração do trabalho poderá ser prorrogada pelo tempo necessário até o máximo de duas horas, durante o número de dias indispensáveis à recuperação do tempo perdido, desde que não exceda de dez horas diárias, em período não superior a quarenta e cinco dias por ano, sujeita essa recuperação à prévia autorização da autoridade competente.

Art. 62. Não são abrangidos pelo regime previsto neste capítulo:
I – os empregados que exercem atividade externa incompatível com a fixação de horário de trabalho, devendo tal condição ser anotada na Carteira de Trabalho e Previdência Social e no registro de empregados;

II – os gerentes, assim considerados os exercentes de cargos de gestão, aos quais se equiparam, para efeito do disposto neste artigo, os diretores e chefes de departamento ou filial.

Parágrafo único. O regime previsto neste capítulo será aplicável aos empregados mencionados no inciso II deste artigo, quando o salário do cargo de confiança, compreendendo a gratificação de função, se houver, for inferior ao valor do respectivo salário efetivo acrescido de 40% (quarenta por cento).

(...)

Art. 66. Entre duas jornadas de trabalho haverá um período mínimo de onze horas consecutivas para descanso.

(...)

Art. 71. Em qualquer trabalho contínuo, cuja duração exceda de seis horas, é obrigatória a concessão de um intervalo para repouso ou alimentação, o qual será, no mínimo, de uma hora e, salvo acordo escrito ou contrato coletivo em contrário, não poderá exceder de duas horas.

§ 1.º Não excedendo de seis horas o trabalho, será, entretanto, obrigatório um intervalo de quinze minutos quando a duração ultrapassar quatro horas.

§ 2.º Os intervalos de descanso não serão computados na duração do trabalho.

§ 3.º O limite mínimo de 1 (uma) hora para repouso ou refeição poderá ser reduzido por ato do Ministro do Trabalho quando, ouvida a Secretaria de Segurança e Higiene do Trabalho, se verificar que o estabelecimento atende integralmente às exigências concernentes à organização dos refeitórios e quando os respectivos empregados não estiverem sob regime de trabalho prorrogado a horas suplementares. (Parágrafo com redação dada pelo Decreto-lei n.º 229, de 28.2.1967.)

§ 4.º Quando o intervalo para repouso e alimentação, previsto neste artigo, não for concedido pelo empregador, este ficará obrigado a remunerar o período correspondente com um acréscimo de no mínimo 50%

(cinqüenta por cento) sobre o valor da remuneração da hora normal de trabalho. (Parágrafo acrescentado pela Lei n.º 8.923, de 27.7.94. – DOU 28.7.94.)

Art. 72. Nos serviços permanentes de mecanografia (datilografia, escrituração ou cálculo), a cada período de 90 (noventa) minutos de trabalho consecutivo corresponderá um repouso de dez minutos não deduzidos da duração normal do trabalho.

Art. 73. Salvo nos casos de revezamento semanal ou quinzenal, o trabalho noturno terá remuneração superior à do diurno e, para esse efeito, sua remuneração terá um acréscimo de 20% (vinte por cento), pelo menos, sobre a hora diurna. (*Caput* com redação dada pelo Decreto-lei n.º 9.666, 28.8.1946.)

§ 1.º A hora do trabalho noturno será computada como de 52 (cinqüenta e dois) minutos e 30 (trinta) segundos. (Parágrafo com redação dada pelo Decreto-lei n.º 9.666, 28.8.1946.)

§ 2.º Considera-se noturno, para os efeitos deste artigo, o trabalho executado entre as 22 (vinte e duas) horas de um dia e as 5 (cinco) horas do dia seguinte. (Parágrafo com redação dada pelo Decreto-lei n.º 9.666, 28.8.1946.)

§ 3.º O acréscimo a que se refere o presente artigo, em se tratando de empresas que não mantêm, pela natureza de suas atividades, trabalho noturno habitual, será feito tendo em vista os quantitativos pagos por trabalhos diurnos de natureza semelhante. Em relação às empresas cujo trabalho noturno decorra da natureza de suas atividades, o aumento será calculado sobre o salário mínimo geral vigente na região, não sendo devido quando exceder desse limite, já acrescido da percentagem. (Parágrafo acrescentado pelo Decreto-lei n.º 9.666, 28.8.1946.)

§ 4.º Nos horários mistos, assim entendidos os que abrangem períodos diurnos e noturnos, aplica-se às horas de trabalho noturno o disposto neste artigo e seus parágrafos. (Parágrafo terceiro renumerado e alterado pelo Decreto-lei n.º 9.666, 28.8.1946.)

§ 5.º Às prorrogações do trabalho noturno aplica-se o disposto neste Capítulo. (Parágrafo quarto renumerado pelo Decreto-lei n.º 9.666, 28.8.1946.)

(...)

Art. 129. Todo empregado terá direito anualmente ao gozo de um período de férias, sem prejuízo da remuneração. (Artigo com redação dada pelo Decreto-lei n.º 1.535, de 13.4.1977.)

Art. 130. Após cada período de 12 (doze) meses de vigência do contrato de trabalho, o empregado terá direito a férias, na seguinte proporção: (*Caput* com redação dada pelo Decreto-lei n.º 1.535, de 13.4.1977.)

I – 30 (trinta) dias corridos, quando não houver faltado ao serviço mais de 5 (cinco) vezes; (Inciso com redação dada pelo Decreto-lei n.º 1.535, de 13.4.1977.)

II – 24 (vinte e quatro) dias corridos, quando houver tido de 6 (seis) a 14 (quatorze) faltas; (Inciso com redação dada pelo Decreto-lei n.º 1.535, de 13.4.1977.)

III – 18 (dezoito) dias corridos, quando houver tido de 15 (quinze) a 23 (vinte e três) faltas; (Inciso com redação dada pelo Decreto-lei n.º 1.535, de 13.4.1977.)

IV – 12 (doze) dias corridos, quando houver tido de 24 (vinte e quatro) a 32 (trinta e duas) faltas. (Inciso com redação dada pelo Decreto-lei n.º 1.535, de 13.4.1977.)

§ 1.º É vedado descontar, do período de férias, as faltas do empregado ao serviço. (Parágrafo com redação dada pelo Decreto-lei n.º 1.535, de 13.4.1977.)

§ 2.º O período das férias será computado, para todos os efeitos, como tempo de serviço. (Parágrafo com redação dada pelo Decreto-lei n.º 1.535, de 13.4.1977.)

Art. 130-A. Na modalidade do regime de tempo parcial, após cada período de doze meses de vigência do contrato de trabalho, o empregado terá direito a férias, na seguinte proporção:

I – 18 (dezoito) dias, para a duração do trabalho semanal superior a 22 (vinte e duas) horas, até 25 (vinte e cinco) horas;
II – 16 (dezesseis) dias, para a duração do trabalho semanal superior a 20 (vinte) horas, até 22 (vinte e duas) horas;
III – 14 (quatorze) dias, para a duração do trabalho semanal superior a 15 (quinze) horas, até 20 (vinte) horas;
IV – 12 (doze) dias, para a duração do trabalho semanal superior a 10 (dez) horas, até 15 (quinze) horas;
V – 10 (dez) dias, para a duração do trabalho semanal superior a 5 (cinco) horas, até 10 (dez) horas;
VI – 8 (oito) dias, para a duração do trabalho semanal igual ou inferior a 5 (cinco) horas.
Parágrafo único. O empregado contratado sob o regime de tempo parcial que tiver mais de 7 (sete) faltas injustificadas ao longo do período aquisitivo terá o seu período de férias reduzido à metade.
Art. 131. Não será considerada falta ao serviço, para os efeitos do artigo anterior, a ausência do empregado: (*Caput* com redação dada pelo Decreto-lei n.º 1.535, de 13.4.1977.)
I – nos casos referidos no artigo 473; (Inciso com redação dada pelo Decreto-lei n.º 1.535, de 13.4.1977.)
II – durante o licenciamento compulsório da empregada por motivo de maternidade ou aborto, observados os requisitos para percepção do salário-maternidade custeado pela Previdência Social; (Inciso acrescentado pelo Decreto-lei n.º 1.535, de 13.4.1977 e alterado pela Lei n.º 8.921, de 25.7.1994.)
III – por motivo de acidente do trabalho ou enfermidade atestada pelo Instituto Nacional do Seguro Social – INSS, excetuada a hipótese do inciso IV do artigo 133; (Inciso acrescentado pelo Decreto-lei n.º 1.535, de 13.4.1977 e alterado pela Lei n.º 8.726, de 5.11.1993.)
IV – justificada pela empresa, entendendo-se como tal a que não tiver determinado o desconto do correspondente salário; (Inciso com redação dada pelo Decreto-lei n.º 1.535, de 13.4.1977.)

V – durante a suspensão preventiva para responder a inquérito administrativo ou de prisão preventiva, quando for impronunciado ou absolvido; e (Inciso com redação dada pelo Decreto-lei n.º 1.535, de 13.4.1977.)

VI – nos dias em que não tenha havido serviço, salvo na hipótese do inciso III do artigo 133. (Inciso com redação dada pelo Decreto-lei n.º 1.535, de 13.4.1977.)

Art. 132. O tempo de trabalho anterior à apresentação do empregado para serviço militar obrigatório será computado no período aquisitivo, desde que ele compareça ao estabelecimento dentro de 90 (noventa) dias da data em que se verificar a respectiva baixa. (Artigo com redação dada pelo Decreto-lei n.º 1.535, de 13.4.1977.)

Art. 133. Não terá direito a férias o empregado que, no curso do período aquisitivo: (*Caput* com redação dada pelo Decreto-lei n.º 1.535, de 13.4.1977.)

I – deixar o emprego e não for readmitido dentro de 60 (sessenta) dias subseqüentes à sua saída; (Inciso com redação dada pelo Decreto-lei n.º 1.535, de 13.4.1977.)

II – permanecer em gozo de licença, com percepção de salários, por mais de 30 (trinta) dias; (Inciso com redação dada pelo Decreto-lei n.º 1.535, de 13.4.1977.)

III – deixar de trabalhar, com percepção do salário, por mais de 30 (trinta) dias, em virtude de paralisação parcial ou total dos serviços da empresa; e (Inciso com redação dada pelo Decreto-lei n.º 1.535, de 13.4.1977.)

IV – tiver percebido da Previdência Social prestações de acidente de trabalho ou de auxílio-doença por mais de 6 (seis) meses, embora descontínuos. (Inciso com redação dada pelo Decreto-lei n.º 1.535, de 13.4.1977.)

§ 1.º A interrupção da prestação de serviços deverá ser anotada na Carteira de Trabalho e Previdência Social. (Parágrafo com redação dada pelo Decreto-lei n.º 1.535, de 13.4.1977.)

§ 2.º Iniciar-se-á o decurso de novo período aquisitivo quando o empregado, após o implemento de qualquer das condições previstas neste artigo, retornar ao serviço. (Parágrafo com redação dada pelo Decreto-lei n.º 1.535, de 13.4.1977.)

§ 3.º Para os fins previstos no inciso III deste artigo, a empresa comunicará ao órgão local do Ministério do Trabalho, com antecedência mínima de 15 (quinze) dias, as datas de início e fim da paralisação total ou parcial dos serviços da empresa, e, em igual prazo, comunicará, nos mesmos termos, ao sindicato representativo da categoria profissional, bem como afixará aviso nos respectivos locais de trabalho. (Parágrafo acrescentado pela Lei n.º 9.016, de 30.3.1995.)

§ 4.º (VETADO).

Art. 134. As férias serão concedidas por ato do empregador, em um só período, nos 12 (doze) meses subseqüentes à data em que o empregado tiver adquirido o direito. (*Caput* com redação dada pelo Decreto-lei n.º 1.535, de 13.4.1977.)

§ 1.º Somente em casos excepcionais serão as férias concedidas em 2 (dois) períodos, um dos quais não poderá ser inferior a 10 (dez) dias corridos. (Parágrafo com redação dada pelo Decreto-lei n.º 1.535, de 13.4.1977.)

§ 2.º Aos menores de 18 (dezoito) anos e aos maiores de 50 (cinqüenta) anos de idade, as férias serão sempre concedidas de uma só vez. (Parágrafo com redação dada pelo Decreto-lei n.º 1.535, de 13.4.1977.)

Art. 135. A concessão das férias será participada, por escrito, ao empregado, com antecedência de, no mínimo, 30 (trinta) dias. Dessa participação o interessado dará recibo. (*Caput* com redação dada pela Lei n.º 7.414, de 9.12.1985.)

§ 1.º O empregado não poderá entrar no gozo das férias sem que apresente ao empregador sua Carteira de Trabalho e Previdência Social, para que nela seja anotada a respectiva concessão. (Parágrafo com redação dada pelo Decreto-lei n.º 1.535, de 13.4.1977.)

§ 2.º A concessão das férias será, igualmente, anotada no livro ou nas fichas de registro dos empregados. (Parágrafo com redação dada pelo Decreto-lei n.º 1.535, de 13.4.1977.)

Art. 136. A época da concessão das férias será a que melhor consulte os interesses do empregador. (*Caput* com redação dada pelo Decreto-lei n.º 1.535, de 13.4.1977.)

§ 1.º Os membros de uma família, que trabalharem no mesmo estabelecimento ou empresa, terão direito a gozar férias no mesmo período, se assim o desejarem e se disto não resultar prejuízo para o serviço. (Parágrafo com redação dada pelo Decreto-lei n.º 1.535, de 13.4.1977.)

§ 2.º O empregado estudante, menor de 18 (dezoito) anos, terá direito a fazer coincidir suas férias com as férias escolares. (Parágrafo com redação dada pelo Decreto-lei n.º 1.535, de 13.4.1977.)

Art. 137. Sempre que as férias forem concedidas após o prazo de que trata o artigo 134, o empregador pagará em dobro a respectiva remuneração. (*Caput* com redação dada pelo Decreto-lei n.º 1.535, de 13.4.1977.)

§ 1.º Vencido o mencionado prazo sem que o empregador tenha concedido as férias, o empregado poderá ajuizar reclamação pedindo a fixação, por sentença, da época de gozo das mesmas. (Parágrafo com redação dada pelo Decreto-lei n.º 1.535, de 13.4.1977).

§ 2.º A sentença cominará pena diária de 5% (cinco por cento) do salário mínimo da região, devida ao empregado até que seja cumprida. (Parágrafo com redação dada pelo Decreto-lei n.º 1.535, de 13.4.1977.)

§ 3.º Cópia da decisão judicial transitada em julgado será remetida ao órgão local do Ministério do Trabalho, para fins de aplicação da multa de caráter administrativo. (Parágrafo com redação dada pelo Decreto-lei n.º 1.535, de 13.4.1977.)

Art. 138. Durante as férias, o empregado não poderá prestar serviços a outro empregador, salvo se estiver obrigado a fazê-lo em virtude de

contrato de trabalho regularmente mantido com aquele. (Artigo com redação dada pelo Decreto-lei n.º 1.535, de 13.4.1977.)
(...)
Art. 142. O empregado perceberá, durante as férias, a remuneração que lhe for devida na data da sua concessão. (*Caput* com redação dada pelo Decreto-lei n.º 1.535, de 13.4.1977.)

§ 1.º Quando o salário for pago por hora com jornadas variáveis, apurar-se-á a média do período aquisitivo, aplicando-se o valor do salário na data da concessão das férias. (Parágrafo com redação dada pelo Decreto-lei n.º 1.535, de 13.4.1977.)

§ 2.º Quando o salário for pago por tarefa, tomar-se-á por base a média da produção no período aquisitivo do direito a férias, aplicando-se o valor da remuneração da tarefa na data da concessão das férias. (Parágrafo com redação dada pelo Decreto-lei n.º 1.535, de 13.4.1977.)

§ 3.º Quando o salário for pago por percentagem, comissão ou viagem, apurar-se-á a média percebida pelo empregado nos 12 (doze) meses que precederem a concessão das férias. (Parágrafo com redação dada pelo Decreto-lei n.º 1.535, de 13.4.1977.)

§ 4.º A parte do salário paga em utilidades será computada de acordo com a anotação na Carteira de Trabalho e Previdência Social. (Parágrafo com redação dada pelo Decreto-lei n.º 1.535, de 13.4.1977.)

§ 5.º Os adicionais por trabalho extraordinário, noturno, insalubre ou perigoso serão computados no salário que servirá de base ao cálculo da remuneração das férias. (Parágrafo com redação dada pelo Decreto-lei n.º 1.535, de 13.4.1977.)

§ 6.º Se, no momento das férias, o empregado não estiver percebendo o mesmo adicional do período aquisitivo, ou quando o valor deste não tiver sido uniforme, será computada a média duodecimal recebida naquele período, após a atualização das importâncias pagas, mediante incidência dos percentuais dos reajustamentos salariais supervenientes. (Parágrafo com redação dada pelo Decreto-lei n.º 1.535, de 13.4.1977.)

Art. 143. É facultado ao empregado converter 1/3 (um terço) do período de férias a que tiver direito em abono pecuniário, no valor da remuneração que lhe seria devida nos dias correspondentes. (*Caput* com redação dada pelo Decreto-lei n.º 1.535, de 13.4.1977.)

§ 1.º O abono de férias deverá ser requerido até 15 (quinze) dias antes do término do período aquisitivo. (Parágrafo com redação dada pelo Decreto-lei n.º 1.535, de 13.4.1977.)

§ 2.º Tratando-se de férias coletivas, a conversão a que se refere este artigo deverá ser objeto de acordo coletivo entre o empregador e o sindicato representativo da respectiva categoria profissional, independendo de requerimento individual a concessão do abono. (Parágrafo com redação dada pelo Decreto-lei n.º 1.535, de 13.4.1977.)

§ 3.º O disposto neste artigo não se aplica aos empregados sob o regime de tempo parcial. (Parágrafo acrescentado pela MP n.º 2.075/2001, renumerada para 2.164/2001.)

Art. 144. O abono de férias de que trata o artigo anterior, bem como o concedido em virtude de cláusula do contrato de trabalho, do regulamento da empresa, de convenção ou acordo coletivo, desde que não excedente de vinte dias do salário, não integrarão a remuneração do empregado para os efeitos da legislação do trabalho. (Artigo com redação dada pela Lei n.º 9.528, de 10.12.97.)

Art. 145. O pagamento da remuneração das férias e, se for o caso, o do abono referido no artigo 143 serão efetuados até 2 (dois) dias antes do início do respectivo período. (*Caput* com redação dada pelo Decreto-lei n.º 1.535, de 13.4.1977.)

Parágrafo único. O empregado dará quitação do pagamento, com indicação do início e do termo das férias. (Parágrafo com redação dada pelo Decreto-lei n.º 1.535, de 13.4.1977)

Art. 146. Na cessação do contrato de trabalho, qualquer que seja a sua causa, será devida ao empregado a remuneração simples ou em dobro, conforme o caso, correspondente ao período de férias cujo direito tenha adquirido. (*Caput* com redação dada pelo Decreto-lei n.º 1.535, de 13.4.1977.)

Parágrafo único. Na cessação do contrato de trabalho, após 12 (doze) meses de serviço, o empregado, desde que não haja sido demitido por justa causa, terá direito à remuneração relativa ao período incompleto de férias, de acordo com o artigo 130, na proporção de 1/12 (um doze avos) por mês de serviço ou fração superior a 14 (quatorze) dias. (Parágrafo com redação dada pelo Decreto-lei n.º 1.535, de 13.4.1977.)

Art. 147. O empregado que for despedido sem justa causa, ou cujo contrato de trabalho se extinguir em prazo predeterminado, antes de completar 12 (doze) meses de serviço, terá direito à remuneração relativa ao período incompleto de férias, de conformidade com o disposto no artigo anterior. (Artigo com redação dada pelo Decreto-lei n.º 1.535, de 13.4.1977.)

(...)

Art. 373-A. Ressalvadas as disposições legais destinadas a corrigir as distorções que afetam o acesso da mulher ao mercado de trabalho e certas especificidades estabelecidas nos acordos trabalhistas, é vedado:

I – publicar ou fazer publicar anúncio de emprego no qual haja referência ao sexo, à idade, à cor ou situação familiar, salvo quando a natureza da atividade a ser exercida, pública e notoriamente, assim o exigir;

II – recusar emprego, promoção ou motivar a dispensa do trabalho em razão de sexo, idade, cor, situação familiar ou estado de gravidez, salvo quando a natureza da atividade seja notória e publicamente incompatível;

III – considerar o sexo, a idade, a cor ou situação familiar como variável determinante para fins de remuneração, formação profissional e oportunidades de ascensão profissional;

IV – exigir atestado ou exame, de qualquer natureza, para comprovação de esterilidade ou gravidez, na admissão ou permanência no emprego;

V – impedir o acesso ou adotar critérios subjetivos para deferimento de inscrição ou aprovação em concursos, em empresas privadas, em razão de sexo, idade, cor, situação familiar ou estado de gravidez;

VI – proceder o empregador ou preposto a revistas íntimas nas empregadas ou funcionárias.

Parágrafo único. O disposto neste artigo não obsta a adoção de medidas temporárias que visem ao estabelecimento das políticas de igualdade entre homens e mulheres, em particular as que se destinam a corrigir as distorções que afetam a formação profissional, o acesso ao emprego e as condições gerais de trabalho da mulher.

(...)

Art. 442. Contrato individual de trabalho é o acordo tácito ou expresso, correspondente à relação de emprego.

Parágrafo único. Qualquer que seja o ramo de atividade da sociedade cooperativa, não existe vínculo empregatício entre ela e seus associados, nem entre estes e os tomadores de serviços daquela. (Parágrafo acrescentado pela Lei n.º 8.949, de 9.12.94.)

Art. 443. O contrato individual de trabalho poderá ser acordado tácita ou expressamente, verbalmente ou por escrito e por prazo determinado ou indeterminado.

§ 1.º Considera-se como de prazo determinado o contrato de trabalho cuja vigência dependa de termo prefixado ou da execução de serviços especificados ou ainda da realização de certo acontecimento suscetível de previsão aproximada. (Parágrafo único renumerado pelo Decreto-lei n.º 229, de 28.2.1967.)

§ 2.º O contrato por prazo determinado só será válido em se tratando: (Parágrafo acrescentado pelo Decreto-lei n.º 229, de 28.2.1967.)

a) de serviço cuja natureza ou transitoriedade justifique a predeterminação do prazo; (Alínea acrescentada pelo Decreto-lei n.º 229, de 28.2.1967.)

b) de atividades empresariais de caráter transitório; (Alínea acrescentada pelo Decreto-lei n.º 229, de 28.2.1967.)

c) de contrato de experiência. (Alínea acrescentada pelo Decreto-lei n.º 229, de 28.2.1967.)
(...)
Art. 445. O contrato de trabalho por prazo determinado não poderá ser estipulado por mais de 2 (dois) anos, observada a regra do artigo 451. (*Caput* com redação dada pelo Decreto-lei n.º 229, de 28.2.1967.)
Parágrafo único. O contrato de experiência não poderá exceder de 90 (noventa) dias. (Parágrafo acrescentado pelo Decreto-lei n.º 229, de 28.2.1967.)
(...)
Art. 448. A mudança na propriedade ou na estrutura jurídica da empresa não afetará os contratos de trabalho dos respectivos empregados.
(...)
Art. 451. O contrato de trabalho por prazo determinado que, tácita ou expressamente, for prorrogado mais de uma vez, passará a vigorar sem determinação de prazo.
Art. 452. Considera-se por prazo indeterminado todo contrato que suceder, dentro de seis meses, a outro contrato por prazo determinado, salvo se a expiração deste dependeu da execução de serviços especializados ou da realização de certos acontecimentos.
(...)
Art. 457. Compreendem-se na remuneração do empregado, para todos os efeitos legais, além do salário devido e pago diretamente pelo empregador, como contraprestação do serviço, as gorjetas que receber. (*Caput* com redação dada pela Lei n.º 1.999, de 1.º.10.1953.)
§ 1.º Integram o salário não só a importância fixa estipulada, como também as comissões, percentagens, gratificações ajustadas, diárias para viagens e abonos pagos pelo empregador. (Parágrafo com redação dada pela Lei n.º 1.999, de 1.º.10.1953.)
§ 2.º Não se incluem nos salários as ajudas de custo, assim como as diárias para viagem que não excedam de 50% (cinqüenta por cento)

do salário percebido pelo empregado. (Parágrafo com redação dada pela Lei n.º 1.999, de 1.º.10.1953.)

§ 3.º Considera-se gorjeta não só a importância espontaneamente dada pelo cliente ao empregado, como também aquela que for cobrada pela empresa ao cliente, como adicional nas contas, a qualquer título, e destinada à distribuição aos empregados. (Parágrafo com redação dada pelo Decreto-lei n.º 229, de 28.2.1967.)

Art. 458. Além do pagamento em dinheiro, compreendem-se no salário, para todos os efeitos legais, a alimentação, habitação, vestuário ou outras prestações *in natura* que a empresa, por força do contrato ou do costume, fornecer habitualmente ao empregado. Em caso algum será permitido o pagamento com bebidas alcoólicas ou drogas nocivas.

§ 1.º Os valores atribuídos às prestações *in natura* deverão ser justos e razoáveis, não podendo exceder, em cada caso, os dos percentuais das parcelas componentes do salário mínimo (artigos 81 e 82).

§ 2.º Para os efeitos previstos neste artigo, não serão consideradas como salário as seguintes utilidades concedidas pelo empregador: (Parágrafo com redação e incisos acrescidos pela Lei n.º 10.243, de 19.6.2001 – DOU 20.6.2001.)

I – vestuários, equipamentos e outros acessórios fornecidos aos empregados e utilizados no local de trabalho, para a prestação do serviço;

II – educação, em estabelecimento de ensino próprio ou de terceiros, compreendendo os valores relativos à matrícula, mensalidade, anuidade, livros e material didático;

III – transporte destinado ao deslocamento para o trabalho e retorno, em percurso servido ou não por transporte público;

IV – assistência médica, hospitalar e odontológica, prestada diretamente ou mediante seguro-saúde;

V – seguros de vida e de acidentes pessoais;

VI – previdência privada;

VII – (VETADO).

§ 3.º A habitação e a alimentação fornecidas como salário-utilidade deverão atender aos fins a que se destinam e não poderão exceder, respectivamente, a 25% (vinte e cinco por cento) e 20% (vinte por cento) do salário-contratual.

§ 4.º Tratando-se de habitação coletiva, o valor do salário-utilidade a ela correspondente será obtido mediante a divisão do justo valor da habitação pelo número de co-ocupantes, vedada, em qualquer hipótese, a utilização da mesma unidade residencial por mais de uma família.

Art. 459. O pagamento do salário, qualquer que seja a modalidade do trabalho, não deve ser estipulado por período superior a um mês, salvo no que concerne a comissões, percentagens e gratificações.

Parágrafo único. Quando o pagamento houver sido estipulado por mês, deverá ser efetuado, o mais tardar, até o quinto dia útil do mês subseqüente ao vencido. (Parágrafo com redação dada pela Lei n.º 7.855, de 24.10.1989.)

(...)

Art. 461. Sendo idêntica a função, a todo trabalho de igual valor, prestado ao mesmo empregador, na mesma localidade, corresponderá igual salário, sem distinção de sexo, nacionalidade ou idade. (*Caput* com redação dada pela Lei n.º 1.723, de 8.11.1952.)

§ 1.º Trabalho de igual valor, para os fins deste Capítulo, será o que for feito com igual produtividade e com a mesma perfeição técnica, entre pessoas cuja diferença de tempo de serviço não for superior a 2 (dois) anos. (Parágrafo com redação dada pela Lei n.º 1.723, de 8.11.1952.)

§ 2.º Os dispositivos deste artigo não prevalecerão quando o empregador tiver pessoal organizado em quadro de carreira, hipótese em que as promoções deverão obedecer aos critérios de antigüidade e merecimento. (Parágrafo com redação dada pela Lei n.º 1.723, de 8.11.1952.)

§ 3.º No caso do parágrafo anterior, as promoções deverão ser feitas alternadamente por merecimento e por antigüidade, dentro de cada categoria profissional. (Parágrafo acrescentado pela Lei n.º 1.723, de 8.11.1952.)

§ 4.º O trabalhador readaptado em nova função por motivo de deficiência física ou mental atestada pelo órgão competente da Previdência Social não servirá de paradigma para fins de equiparação salarial. (Parágrafo acrescentado pela Lei n.º 5.798, de 31.8.1972.)

Art. 462. Ao empregador é vedado efetuar qualquer desconto nos salários do empregado, salvo quando este resultar de adiantamentos, de dispositivos de lei ou de contrato coletivo.

§ 1.º Em caso de dano causado pelo empregado, o desconto será lícito, desde que esta possibilidade tenha sido acordada ou na ocorrência de dolo do empregado. (Parágrafo único renumerado pelo Decreto-lei n.º 229, de 28.2.1967.)

§ 2.º É vedado à empresa que mantiver armazém para venda de mercadorias aos empregados ou serviços destinados a proporcionar-lhes prestações *in natura* exercer qualquer coação ou induzimento no sentido de que os empregados se utilizem do armazém ou dos serviços. (Parágrafo acrescentado pelo Decreto-lei n.º 229, de 28.2.1967.)

§ 3.º Sempre que não for possível o acesso dos empregados a armazéns ou serviços não mantidos pela empresa, é lícito à autoridade competente determinar a adoção de medidas adequadas, visando a que as mercadorias sejam vendidas e os serviços prestados a preços razoáveis, sem intuito de lucro e sempre em benefício dos empregados. (Parágrafo acrescentado pelo Decreto-lei n.º 229, de 28.2.1967.)

§ 4.º Observado o disposto neste Capítulo, é vedado às empresas limitar, por qualquer forma, a liberdade dos empregados de dispor do seu salário. (Parágrafo acrescentado pelo Decreto-lei n.º 229, de 28.2.1967.)

Art. 468. Nos contratos individuais de trabalho só é lícita a alteração das respectivas condições por mútuo consentimento, e, ainda assim, desde que não resultem, direta ou indiretamente, prejuízos ao empregado, sob pena de nulidade da cláusula infringente desta garantia.

Parágrafo único. Não se considera alteração unilateral a determinação do empregador para que o respectivo empregado reverta ao cargo efetivo, anteriormente ocupado, deixando o exercício de função de confiança.

Art. 469. Ao empregador é vedado transferir o empregado, sem a sua anuência, para localidade diversa da que resultar do contrato, não se considerando transferência a que não acarretar necessariamente a mudança do seu domicílio.

§ 1.º Não estão compreendidos na proibição deste artigo os empregados que exerçam cargos de confiança e aqueles cujos contratos tenham como condição, implícita ou explícita, a transferência, quando esta decorra de real necessidade de serviço. (Parágrafo com redação dada pela Lei n.º 6.203, de 17.4.1975.)

§ 2.º É lícita a transferência quando ocorrer extinção do estabelecimento em que trabalhar o empregado.

§ 3.º Em caso de necessidade de serviço o empregador poderá transferir o empregado para localidade diversa da que resultar do contrato, não obstante as restrições do artigo anterior, mas, nesse caso, ficará obrigado a um pagamento suplementar, nunca inferior a 25% (vinte e cinco por cento) dos salários que o empregado percebia naquela localidade, enquanto durar essa situação. (Parágrafo acrescentado pela Lei n.º 6.203, de 17.4.1975,)

Art. 470. As despesas resultantes da transferência correrão por conta do empregador. (Artigo com redação dada pela Lei n.º 6.203, de 17.4.1975.)

(...)

Art. 487. Não havendo prazo estipulado, a parte que, sem justo motivo, quiser rescindir o contrato deverá avisar a outra da sua resolução com a antecedência mínima de:

I – 8 (oito) dias, se o pagamento for efetuado por semana ou tempo inferior;

II – 30 (trinta) dias aos que perceberem por quinzena ou mês, ou que tenham mais de 12 (doze) meses de serviço na empresa.

§ 1.º A falta do aviso prévio por parte do empregador dá ao empregado o direito aos salários correspondentes ao prazo do aviso, garantida sempre a integração desse período no seu tempo de serviço.

§ 2.º A falta de aviso prévio por parte do empregado dá ao empregador o direito de descontar os salários correspondentes ao prazo respectivo.

§ 3.º Em se tratando de salário pago na base de tarefa, o cálculo, para os efeitos dos parágrafos anteriores, será feito de acordo com a média dos últimos 12 (doze) meses de serviço.

§ 4.º É devido o aviso prévio na despedida indireta. (Parágrafo acrescentado pela Lei n.º 7.108, de 5.7.1983.)

§ 5.º O valor das horas extraordinárias habituais integra o aviso prévio indenizado. (Parágrafo acrescentado pela Lei n.º 10.218, de 11.4.2001 – DOU 12.4.2001.)

§ 6.º O reajustamento salarial coletivo, determinado no curso do aviso prévio, beneficia o empregado pré-avisado da despedida, mesmo que tenha recebido antecipadamente os salários correspondentes ao período do aviso, que integra seu tempo de serviço para todos os efeitos legais. (Parágrafo acrescentado pela Lei n.º 10.218, de 11.4.2001 – DOU 12.4.2001).

Art. 488. O horário normal de trabalho do empregado, durante o prazo do aviso, e se a rescisão tiver sido promovida pelo empregador, será reduzido de 2 (duas) horas diárias, sem prejuízo do salário integral.

Parágrafo único. É facultado ao empregado trabalhar sem a redução das 2 (duas) horas diárias previstas neste artigo, caso em que poderá faltar ao serviço, sem prejuízo do salário integral, por 1 (um) dia, na hipótese do inciso I, e por 7 (sete) dias corridos, na hipótese do inciso II do artigo 487 desta Consolidação.

Art. 489. Dado o aviso prévio, a rescisão torna-se efetiva depois de expirado o respectivo prazo, mas, se a parte notificante reconsiderar o ato, antes de seu termo, à outra parte é facultado aceitar ou não a reconsideração.

Parágrafo único. Caso seja aceita a reconsideração ou continuando a prestação depois de expirado o prazo, o contrato continuará a vigorar, como se o aviso prévio não tivesse sido dado.

Art. 490. O empregador que, durante o prazo do aviso prévio dado ao empregado, praticar ato que justifique a rescisão imediata do contrato, sujeita-se ao pagamento da remuneração correspondente ao prazo do referido aviso, sem prejuízo da indenização que for devida.

Art. 491. O empregado que, durante o prazo do aviso prévio, cometer qualquer das faltas consideradas pela lei como justas para a rescisão, perde o direito ao restante do respectivo prazo.

BIBLIOGRAFIA

BRASIL. *Código Civil*. 1. ed. Rio de Janeiro: América Jurídica, 2004.

BRASIL. Constituição (1988). *Constituição da República Federativa do Brasil*. 1. ed. Rio de Janeiro: América Jurídica, 2004.

CASTILHO, Paulo Cesar Baria. *Prática de cálculos trabalhistas na liquidação*. 3. ed. São Paulo: Editora Revista dos Tribunais, 2003.

CAVALCANTE, J. Q. P.; NETO, F. F. J. *Manual de Direito do Trabalho*. 1. ed. Rio de Janeiro: Lumen Júris, 2003.

CUNHA, Maria Inês Moura S. A. *Direito do Trabalho*. 3. ed. São Paulo: Saraiva, 2004.

DELGADO, Mauricio Godinho. *Curso de Direito do Trabalho*. 3. ed. São Paulo: LTr, 2004.

GUEDES, J. A. C.; MORAES, S. M. P. G.; GUEDES, C. E. P. *Curso prático de Direito do Trabalho*. Rio de Janeiro: América Jurídica, 2004.

JURID PUBLICAÇÕES ELETRÔNICAS S/C LTDA. Jurid XP. 14. ed. Bauru, 2005. 1 CD-ROM

MARTINS, Sérgio Pinto. *Comentários à CLT*. 7. ed. São Paulo: Atlas, 2003.

_____. *Direito do Trabalho*. 21. ed. São Paulo: Atlas, 2005.

MIGLIORA, L. G. M. R.; VEIGA, L. F. T. *Administração do risco trabalhista*. Rio de Janeiro: Lumen Júris, 2003.

MORRIS, Clarence (Org.). *The Great Legal Philosophers – selected readings in jurisprudence*. Pennsylvania: University of Pennsylvania Press, 1959.

NASCIMENTO, Amauri Mascaro. *Iniciação ao Direito do Trabalho*. 28. ed. São Paulo: LTr, 2002.

OLIVEIRA, Francisco Antonio de. *Manual de Direito Individual e Coletivo do Trabalho*. 2. ed. São Paulo: Editora Revista dos Tribunais, 2000.

TRIBUNAL Regional do Trabalho da 2.ª Região. Disponível em: <http://www.trt2.gov.br>.

TRIBUNAL Regional do Trabalho da 3.ª Região. Disponível em: <http://www.mg.trt.gov.br>.

TRIBUNAL Superior do Trabalho. Disponível em: <http://www.tst.gov.br>.

Conheça também outros livros da **Fundamento**

▶ **ADVOCACIA ESTRATÉGICA**
Dr. Carlos Eduardo Paletta Guedes
São apresentadas maneiras de conquistar, manter e satisfazer clientes, desenvolvendo a liderança e o relacionamento entre advogados e sua equipe de apoio.

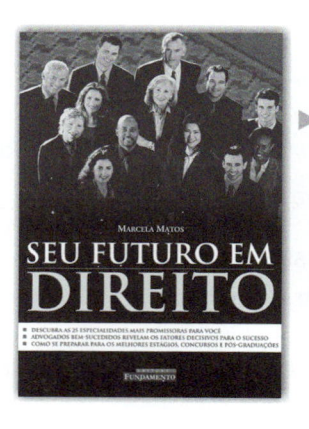

▶ **SEU FUTURO EM DIREITO**
Marcela Matos
Trata-se de um levantamento inédito que revela não só as especialidades mais atraentes, mas também as exigências de cada uma, o perfil profissional recomendado, dicas para garantir a especialização, bibliografia recomendada e *websites* úteis.

▶ **SEU DINHEIRO**
Mauro Halfeld
Seu dinheiro fará você aproveitar melhor suas oportunidades. Com este livro, sair do endividamento passa a ser um objetivo possível e aplicar em renda fixa, imóveis e ações torna-se mais acessível.

:: FUNDAMENTO

www.editorafundamento.com.br
Atendimento: (41) 3015.9700

► **INVESTIMENTOS**
COMO ADMINISTRAR MELHOR SEU DINHEIRO
Mauro Halfeld
De maneira clara e didática, Mauro Halfeld está fazendo uma mudança radical na maneira como os brasileiros administram seu dinheiro. *Bestseller* nacional, foi indicado ao Prêmio Jabuti 2002.

► **SEU IMÓVEL**
COMO COMPRAR BEM
Mauro Halfeld
Uma leitura agradável, leve e bem-humorada, através da qual o leitor descobrirá a melhor estratégia para comprar a casa própria e investir em imóveis.

► **EMPREENDER**
FAZENDO A DIFERENÇA
Michael E. Gerber
O que os donos das empresas extremamente bem-sucedidas sabem que os outros não conhecem? Essa pergunta bastante comum é o que **Empreender – fazendo a diferença** procura desvendar, começando pelas pistas deixadas no caminho dos vitoriosos.

Conheça também outros livros da **Fundamento**

▶ **EDUCAÇÃO FINANCEIRA
AO ALCANCE DE TODOS**
José Pio Martins
Você já fez alguma vez seu balanço patrimonial, já analisou seu fluxo de caixa? Ao menos sabe distinguir ativo bom do ruim? O livro é um guia prático que traz o bê-a-bá da Economia e formas de gerir suas próprias finanças.

▶ **GANHANDO O JOGO
COMO SER O CANDIDATO ESCOLHIDO**
Dr. Pierre Mornell
Um livro que mostra como preparar-se para entrevistas difíceis. Ensina formas de melhor posicionar-se entre os concorrentes e conseguir o emprego sonhado.

▶ **O DINHEIRO OU SUA VIDA
COMO EQUILIBRAR PROFISSÃO E PRAZER**
John Clark
Como equilibrar profissão e prazer? Este livro orienta sobre a busca da vocação e da realização pessoal. Para isso, estabelece a diferença entre "profissão" e "vocação".

FUNDAMENTO

www.editorafundamento.com.br
Atendimento: (41) 3015.9700

▶ **MERCADO FINANCEIRO**
Gilson Oliveira e Marcelo Pacheco
Os autores, profissionais com longa experiência, conciliam de maneira brilhante a teoria financeira e econômica. Esclarecem tanto ao leitor familiarizado com o mercado quanto àquele que se inicia no mundo das finanças; **Mercado Financeiro** é uma obra essencial para todos que desejam dominar um dos temas mais importantes da atualidade.

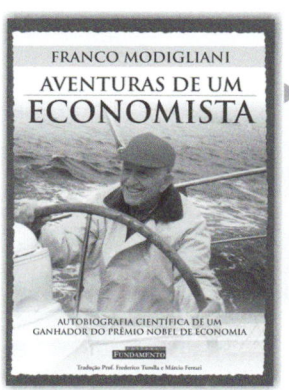

▶ **AVENTURAS DE UM ECONOMISTA**
AUTOBIOGRAFIA DE UM NOBEL DE ECONOMIA
Franco Modigliani
"Este livro é uma delícia, escrito com todo entusiasmo e interesse de uma conversa com Franco. Leia o livro por prazer e também por erudição".
Stanley Fischer, Primeiro Vice-Diretor Geral do Fundo Monetário Internacional.

▶ **ATITUDE**
Justin Herald
Desvende os segredos do sucesso e daquela atitude de "eu posso fazer qualquer coisa que decidir", para conseguir alcançar seus próprios objetivos e realizar seus sonhos.